Albert Biesinger
Julia Biesinger

Wenn die *Enkelkinder* nach Gott fragen

Albert Biesinger
Julia Biesinger

Wenn die *Enkelkinder* nach Gott *fragen*

Eine Ermutigung für Großeltern

camino.

Ein CAMINO-Buch aus der
© Verlag Katholisches Bibelwerk GmbH, Stuttgart 2016
Alle Rechte vorbehalten

Gestaltung: wunderlichundweigand
Umschlagmotiv: © LuckyImages/shutterstock.com
Bilder im Innenteil: S. 13 © LuckyImages/shutterstock.com
S. 71 © Syda Productions/shutterstock.com

Druck: finidr s.r.o., Český Těšín
Printed in the Czech Republic

ISBN 978-3-460-50028-0

Inhalt

Vorwort 9

Teil 1: Ermutigungen aus der Religionspädagogik

Wer seinen Enkelkindern in die Augen schaut, begegnet der eigenen Kindheit 15

1. Überlassen Sie die Erziehung Ihren Kindern 17

Wenn sich Großeltern über die fehlende religiöse Erziehung der Enkelkinder sorgen 19

»Hilfe, mein Kind ist fromm!« 21

Oft sind Kinder »Botschafter Gottes« 23

2. Was können Sie tun, wenn Ihre Enkelkinder nicht religiös erzogen werden? 25

3. Eigene Gottesbilder 32

Wie meine Großmutter meine Gottesvorstellung prägte 32

Gottesbilder engen ein oder machen frei 34

Nur mit Erwachsenen hat Jesus über das Gericht gesprochen 36

Enkelkinder nicht emotional missbrauchen 36

Jetzt bin ich Opa-Oma – eine spirituelle Selbstreflexion 42

Lernen (in) der Gotteskommunikation zwischen den Generationen 47

4. Wie kann ich konkret Enkelkinder ich ihrer Gottesneugier begleiten? 49

»Opa, hast du denn den lieben Gott schon einmal gesehen?« 50

Wenn es zu Konflikten wegen der religiösen Erziehung kommt 51

Hinterlassen Sie Ihren Enkelkindern eine große Verheißung für ihr Leben 53

Schenken Sie Ihren Enkelkindern Zeit 55

Vorlesen, Vorlesen, Vorlesen ... 58

5. Die eigene Endlichkeit – Spirituelle Selbstreflexionen für Großeltern 60

Glaubenszweifel angesichts von Sterben und Tod 60

Meine Nahtoderfahrung 61

Ausblick 70

Teil 2: Ermutigungen aus der Psychologie

Durch offene und positive Kommunikation
drei Generationen verbinden

Einander zugewandt sein 73

1. Verbundenheit und Autonomie 76

Verbundenheit aufbauen 76

Autonomie zugestehen 79

2. Autonomie und Kompetenz fördern statt Druck aufbauen 85

Autonomie, Kompetenz und soziale Zugehörigkeit als Grundbedürfnisse 85

Wenn das Autonomie- und Kompetenzerleben eingeschränkt wird 86

Autonomie und Kompetenzerleben fördern 89

3. Grundhaltungen, die sich förderlich auf unsere Kommunikation auswirken 91

Sich für ein positives Bild vom Gegenüber öffnen 91

Empathie 94

Toleranz und Akzeptanz 101

4. Kommunikation 104

   Wie kommunizieren wir? 105

   Das »Nachrichten-Quadrat« 107

   Wodurch entstehen ungünstige Kommunikationsmuster? 111

   Wie kommt es zu unseren Reaktionen? 114

   Wie entstehen Konflikte? 119

5. Kommunikation verbessern 122

   Verzwickte Lage – Missverstehen vermeiden 122

   Uns selbst zuhören 124

   Loslassen von Bildern, die uns selbst einengen 131

   Sich die eigene Involviertheit bewusst machen 132

   Eine gute Beziehung aufzubauen, braucht Zeit 136

6. Gesprächstechniken 137

   Aktives Zuhören 138

   Ich-Botschaften 141

   Metakommunikation 144

7. Mit Verstand und Gefühl aufeinander zugehen 150

Gemeinsamer Ausblick 152

Literatur 154
Anmerkungen 157

Vorwort

Wenn ein Kind zu Ihnen Oma und Opa sagt, entsteht Neues in Ihrem Leben. Sie sind in der nächsten Generation angekommen. Sie sind zu jemand ganz Besonderem geworden: Oma und Opa stehen bei Enkelkindern in der Regel hoch im Kurs.

Die Beziehung zu den jungen Eltern verändert sich. Auch sie sind zu jemand ganz Besonderem geworden. Es stellt sich konkret die Frage, wie die Beziehung zwischen Ihren Kindern, Ihnen und den Enkelkindern im Einzelnen ausgestaltet werden kann. Nähe und Distanz einzuhalten, wird neu zum großen Thema. Zu wenig oder zu viel Nähe oder Distanz zueinander kann in der Beziehung zwischen Großeltern, Eltern und Enkelkindern zu Reibungspunkten und Konflikten führen. Nähe zueinander aufzubauen, gleichzeitig aber eine angemessene Distanz einzuhalten, ist für Großeltern und Eltern eine neue Lernaufgabe. Nähe und Distanz haben ihre Licht- und Schattenseiten. Sich interessierende Nähe bedeutet ja immer auch Solidarität: Wie kann ich wirklich behilflich sein? Nähe kann schließlich auch erdrücken und einschränken.

Ihre Enkelkinder sind nicht Ihre Kinder. Sie sind die Kinder Ihrer Kinder. Deswegen ist es auch wichtig, sich in der Erziehung der Enkelkinder nicht die Hauptrolle anzumaßen. Aber sich lediglich zurückzulehnen, ohne

Anteil zu nehmen an den doch ganz neuen Sorgen der jungen Eltern – »Sie sollen doch schauen, wie sie alleine durchkommen« –, kann es schließlich auch nicht sein.

Wenn wir mit Enkelkindern kommunizieren, geben wir ihnen immer etwas von uns selber mit, von unseren Erfahrungen, auch von unseren spirituellen Sinnerfahrungen. Das kann für Enkelkinder sehr interessant sein, weil sie dadurch neue Bezugspersonen für ihr Leben gewinnen, die etwas anderes wissen, erzählen und einbringen können. Wenn die Beziehung zwischen Eltern und Großeltern vertrauensvoll ist, läuft dies in der alltäglichen Kommunikation in der Regel unkompliziert.

Doch leider sind die Beziehungen zwischen Eltern und Großeltern nicht immer ohne Konflikte. Immer wieder hören wir in Gesprächen mit Eltern und Großeltern Sätze wie diese: »Mein Sohn sagt, halte dich religiös komplett raus.« Eine Schwiegertochter berichtet: »Meine Schwiegermutter erzählt unseren Kindern dauernd vom Fegefeuer und wie schlimm es in der Hölle ist.«

Reibungspunkte gibt es in jeder Beziehung. Es müssen nicht diese extremen Situationen sein, die zu bewältigen sind. Mit unserem Buch wollen wir Ermutigungen aus dem Bereich der Religionspädagogik und aus dem Bereich der Psychologie geben, um mit möglichen Problemen konstruktiv umzugehen. Nicht dauerndes Hineinreden, sondern besser gemeinsam zu reflektieren, ist dabei hilfreich. Letztendlich geht es um eine alltagstaugliche, für alle Beteiligten hilfreiche und fröhliche Beziehung, die den Enkelkindern auch etwas vom Reichtum der spirituellen Erfahrungen der Großeltern mitgibt.

Die Möglichkeiten einer förderlichen religiösen Begleitung von Enkelkindern, die allen Beteiligten guttun, sind zahlreich: Wenn Sie zum Beispiel mit Ihrem Enkelkind unterwegs sind, gehen Sie für einige Minuten in die Stille einer Kirche und zünden gemeinsam eine Kerze an. Enkelkinder sind in der Regel davon ganz berührt. Und Ihnen tut es auch gut.

In der Alltagskommunikation zwischen Großeltern und den jungen Eltern psychologisches Grundwissen anzuwenden, verhindert so manchen Konflikt und gibt Mut, in aufbauender Weise miteinander unterwegs zu sein.

Mit diesem Buch wollen wir Sie spirituell und mit psychologischem Basiswissen begleiten, in der Kommunikation mit den jungen Eltern und Ihren Enkelkindern möglichst erfreuliche und sinnstiftende Erfahrungen zu machen.

ALBERT BIESINGER

Ermutigungen aus der Religionspädagogik

Wer seinen Enkelkindern in die Augen schaut, begegnet der eigenen Kindheit

Ist dieser plötzlich wieder geöffnete Vorhang in die eigene Lebensgeschichte zurück der Grund für die Emotionen, die Enkelkinder in uns auslösen? Ist es die Berührung mit jener Zeit, als wir selbst junger Vater, junge Mutter waren und unsere damals kleinen Kinder sehr an uns hingen? Oder ist es das wehmütige Gefühl, dass vor diesen Kindern noch ein ganzes Leben liegt und wir Großeltern schon viele Jahre unseres Lebens hinter uns haben? Das Gefühl, vielleicht ein letztes Mal in der eigenen Familie so nah an Kindheit und Jugendzeit Anteil zu haben?

Wer seinen Enkelkindern in die Augen schaut, begegnet der eigenen Kindheit. Bei manchen geht es überraschend und früh. Andere warten lange und sehnsüchtig, bis ihre Kinder sie zu Großeltern machen. Nicht wenige erleben es nie. Es ist eine ganz neue Dimension, zum ersten Mal das Enkelkind auf den Arm zu nehmen und in sein Gesicht zu schauen. Den Daumen zur Begrüßung in sein kleines Händchen legen – unvergessliche Augenblicke. Ich gehe auf die Gebärstation der Frauenklinik. Gleich werde ich zum ersten Mal in das Gesicht meines jüngsten Enkelkindes Jacob Emil schauen können. In ihm begegnet mir die Einmaligkeit eines neuen Menschen, der mir sehr nahe steht und dem ich sehr nahe stehen werde. Einige Zeit später sein Lächeln, wenn ich ihm eine wiederkehrende Melodie pfeife.

Enkelkinder sind nicht einfach neue genetische »Zufallstreffer«. Sie sind ein Geheimnis des Schöpfers, der uns berührt, wenn ein Kind »Opa« und »Oma« sagt. Kinder sind Botschafter aus der Welt Gottes. Sie sind zeitlich noch näher an ihrem Schöpfer dran als wir, die wir schon über Jahrzehnte in die Schubladen dieser Welt eingespurt sind: »Wer das Reich Gottes nicht so annimmt wie ein Kind, der wird nicht hineinkommen« (vgl. Markus 10,15). Oder konkreter: Wenn ihr zu Gott nicht so viel Vertrauen habt, so wie ein Kind die Arme ausstreckt und von seinen Eltern alles erwartet, dann habt ihr von Gott nichts begriffen.

1. Überlassen Sie die Erziehung Ihren Kindern

Oma und Opa werden von Enkelkindern in der Regel hoch geschätzt. Sie sind für sie ganz besondere Menschen. Oft höre ich Kinder voller Begeisterung von ihrem Opa oder ihrer Oma erzählen. Als Großeltern stehen sie nicht in Konkurrenz zu den Eltern. Genießen Sie einfach diese andere Qualität von Beziehungen! Mit den Kindern Ihrer Kinder kommt neues Leben in Ihr Leben. Es kommen Fragen zum Stillen, zur Erziehung, zum Umgang mit dem erstem Fieber und zur Ernährung zur Sprache. Situationen, die wir Großeltern als junge Eltern schon einmal durchgemacht haben und zu kennen glauben.

Umso wichtiger ist es, die eigenen Erfahrungen nicht zu verallgemeinern und alles so zu denken, wie es damals bei uns war. Es gibt sehr wohl Neues unter der Sonne! Nicht in der Hauptverantwortung für die Kinder stehen zu müssen und Fehler in der Erziehung der eigenen Kinder reflektieren zu können, ermöglicht es Großeltern, mit ihren Enkelkindern, aus dieser Distanz heraus, einfühlsam und liebevoll umzugehen. Der Bedarf an Zuwendung und vor allem an Zeit für die Enkelkinder ist enorm und angesichts der beruflichen Kontexte für beide Elternteile nicht immer leicht einlösbar. Interessierte Nähe dagegen kann jungen Eltern Bestätigung und Unterstützung geben. So manche Spannungen zwischen Großeltern und Eltern könnten vermieden werden.

Enkelkinder sind nicht »unsere Kinder«
Das ist zu respektieren – nicht zuletzt in der Erziehung. Erziehung ist die ursprüngliche Kompetenz, Verantwortung und Aufgabe der Eltern und nicht der Großeltern. Eltern können sehr darunter leiden, dass ihre eigenen Eltern ihnen direkt oder indirekt in die Erziehung hineinreden, dauernd Ratschläge geben oder die Enkelkinder für ihre eigenen Interessen vereinnahmen. Rat-Schläge können bisweilen wie Schläge wirken.

Und vor allem: Enkel dürfen nicht in innerfamiliäre Konflikte hineingezogen werden. Sie selbst hätten sich von ihren Eltern auch nicht in die Erziehung Ihrer Kinder hineinreden lassen und wie hätten Sie sich gefühlt, wie hätten Sie abgeblockt, sich vielleicht still oder aber auch laut und deutlich geärgert? Viele junge Eltern haben mit meinem Buch »Kinder nicht um Gott betrügen – Warum religiöse Erziehung so wichtig ist«[1] Ihren eigenen Weg entwickeln können.

Wenn sich Großeltern über die fehlende religiöse Erziehung der Enkelkinder sorgen

In unserem Forschungsprojekt »Religiosität und Familie« an der Universität Tübingen zeigte sich, dass 71 Prozent der befragten Eltern die Unterstützung, die sie von ihren eigenen Eltern in der religiösen Erziehung erfahren haben, nicht in guter Erinnerung behalten; bei der allgemeinen Erziehung liegt dieser Anteil hingegen lediglich bei 58 Prozent. Mitunter waren hierfür unterschiedliche religiöse Vorstellungen und Gottesbilder verantwortlich.[2]

Für viele Großeltern ist es schwer zu sehen, dass ihre Kinder die Enkelkinder nicht religiös erziehen, dass diese sozusagen als »religiöse Analphabeten« aufwachsen. Eine Großmutter sagte mir: »Wenn wir mit unserer Enkelin über Gott sprechen, dann empfindet unsere Tochter dies als Einmischung.« Ich kenne mehr als eine Leidensgeschichte von Großeltern, denen die jungen Eltern jegliches religiöse Gespräch mit den Enkelkindern verboten haben.

Anderseits erzählen mir viele junge Eltern in direkten Gesprächen, dass sie ihre Kinder eigentlich schon gern religiös erziehen wollen, aber nicht wissen, wie das gehen soll. Wir begegnen bei jungen Eltern sehr unterschiedlichen Gründen und Ausgangssituationen, warum sie ihre Kinder nicht religiös erziehen. Für Sie als Großeltern bietet sich dann die Möglichkeit, mit Ihren Kindern über »religiöse Erziehung« ins Gespräch zu kommen. Je vertrauensvoller die Situation zwischen Ihnen und Ihren Kindern generell ist, desto besser.

Seine eigene Sicht aufzwingen zu wollen oder sogar darüber in Streit zu geraten, führt in der Regel lediglich zu verhärteten Fronten zwischen den Eltern und Kindern und verhindert weitere Gespräche, vielleicht für immer.

Kinder haben ein Recht auf Spiritualität

Friedrich Schweitzer hat dies in seinem lesenswerten Buch »Das Recht des Kindes auf Religion«[3] bestens auf den Punkt gebracht. Er setzt sich zunächst kritisch damit auseinander, dass der Artikel 27,1 der UN-Kinderrechtskonvention von 1989 von spiritueller Entwicklung spricht, dies aber in der deutschen Übersetzung völlig verfälscht dargestellt wird. Er geht davon aus, dass das Kind ein Recht auf Religion hat und »die Kinderrechtskonvention das Thema Religion nicht ausspart. Damit wird grundsätzlich anerkannt, dass Kinder auch in dieser Hinsicht Rechte haben. Kein Kind soll und darf daran gehindert werden, seine religiösen Fragen, Auffassungen und Gefühle in aller Freiheit zu äußern – dieses Recht wird hier garantiert. Schon Kinder haben Religionsfreiheit.«[4]

Es ist dann zu überlegen, ob »dieses Recht auf Religionsfreiheit vom Kind etwa auch *gegen* seine Eltern wahrgenommen werden kann«[5]. Allerdings geht es ja um »Jugendliche, die auch im Verhältnis zu ihren Eltern ein höheres Maß an Entscheidungsfreiheit in Anspruch nehmen können. Auf jeden Fall soll verhindert werden, dass Kinder in religiöser Hinsicht allein fremdbestimmt sind.«[6] Dies gilt für Eltern, aber in differenzierter Weise auch für Großeltern.

»Hilfe, mein Kind ist fromm!«

Manche Eltern stellen sich sehr wohl den zum Teil bohrenden religiösen Fragen ihrer Kinder, wissen aber nicht damit umzugehen und fürchten, keine Antworten zu haben. Sie blenden diesen Bereich dann komplett aus und erwarten, dass ihr Kind außerhalb der Familie, im Kindergarten oder im Religionsunterricht, religiöse Unterstützung bekommt.

Sehr eindrücklich war für mich die Fernsehdokumentation des WDR »Hilfe, mein Kind ist fromm!« Darin regte ein achtjähriges Mädchen seine Mutter, die meinte, mit Gott bereits für immer abgeschlossen zu haben, zu neuen religiösen Denkanstrengungen an; dieses Kind »mischte« seine Mutter geradezu »religiös auf«.

Wer angstmachende Gottesbilder oder zwanghaft religiöse Vollzüge in seiner Familie erlebt hat, kann große Schwierigkeiten haben, sich davon zu lösen und eine andere, selbstbewusste Form religiöser Erziehung zu entwickeln.

Glaubenszweifel sind kein Hindernis

- »Ich glaube selbst die meisten biblischen Geschichten nicht, warum soll ich dann meinem Kind aus der Bibel vorlesen? Mein Kind merkt das doch!«

- »Ich glaube nicht mehr an Gott, warum soll ich meinem Kind etwas vormachen? Ich bin aus der Kirche ausgetreten.«

- »Ich habe den Glauben an Gott verloren.«

Eine Kinderpsychotherapeutin sagte dazu freundlich, aber deutlich: »Machen Sie sich keine Sorgen; die biblischen Geschichten wirken auch ohne Sie!«

Wir können uns selbst entlasten! Die biblischen Geschichten »machen« etwas mit dem Kind und das Kind »macht« selbstständig etwas mit den biblischen Geschichten. Wir müssen nicht stellvertretend für die Kinder glauben. Sie glauben schon selbst – auf ihre Weise, in ihrer eigenen Dynamik und Intensität.

Die Herausforderung für Großeltern besteht darin, die eigene religiöse Biografie offen und mitunter kritisch in den Blick zu nehmen. Das eigene Erleben darf nicht zwangsläufig als Richtschnur für die Erziehung der Kinder gelten. Oft ist es möglich und nötig, die eigene religiöse Erziehung, wenn sie mit schlechten Erfahrungen verbunden ist, kritisch anzuschauen und sie hinter sich zu lassen. Es gilt, mit den eigenen Kindern neue Wege einer aufbauenden Gottesbeziehung zu entdecken, sich beispielsweise in abendlichen Ritualen Gott anzuvertrauen, ihm zu danken und ihn um Behütung und Begleitung für den nächsten Tag zu bitten.

Oft sind Kinder »Botschafter Gottes«

Ich kenne Beispiele von Familien mit mehreren erwachsenen Kindern: Die eine Tochter ist kirchlich hoch engagiert, die andere aus der Kirche ausgetreten und der Sohn orientiert sich esoterisch. Trotz ähnlicher religiöser Erziehung sowie vergleichbaren Erfahrungen mit Ritualen haben sich die religiösen Biografien dieser Kinder gegensätzlich entwickelt.

Neben der familiären Prägung spielt die Partnerwahl eine große Rolle. Die Entscheidung für einen Partner, dem religiöse Erziehung nichts bedeutet, kann dazu führen, dass religiöse Erziehung in der jungen Familie zum Konfliktfall wird und ganz ausgegrenzt bleibt.

Die Ausgangssituationen können sehr unterschiedliche sein. Wenn die Partner zum Beispiel konfessionell unterschiedliche Zugänge haben, doch beide kirchennah sind, entsteht das Problem, in welche Kirche sie gehen. Oder junge Familien stehen im sonntäglichen Konflikt zwischen Sonntagsgestaltung und Kirchgang. Was ist besser – was sagt man den Kindern? Diese Fragen können unglaublich belastend werden, bis hin zu einem partnerschaftlichen Zwang, seinen Glauben nicht leben zu dürfen oder den Glauben des anderen leben zu müssen. Und wo bleiben dann die Kinder? Verlieren einzelne Elternteile ihre Glaubwürdigkeit?

Viele junge Eltern, die getauft sind, aber sich mit dem Auszug von zu Hause von der Kirche entfern haben, erleben jedoch auch, dass sie mit der Taufe der Kinder wieder mit der Kirche in Berührung kommen. Das Zusammentreffen mit anderen gläubigen Eltern führt sie dann wieder zur Kirche und sie erleben dort wohlmöglich eine wunderbare neue Gemeinschaft Gleichgesinnter. Es kann geschehen, dass sie plötzlich wieder lernen, die religiösen Wurzeln zu schätzen, aus denen sie kommen, und deren Halt spüren.

2. Was können Sie tun, wenn Ihre Enkelkinder nicht religiös erzogen werden?

Jungen Eltern, die ihren Gottesglauben verloren oder ihr Einverständnis im Glauben bewusst zurückgenommen haben, ist zunächst einmal würdigend zu begegnen. Es wird Gründe geben. Jeder Mensch hat schließlich ein Recht auf seine eigene religiöse Entscheidung. Je mehr sie hineinreden, desto mehr wird sich ihr Sohn oder ihre Tochter in dieser Position versteifen. Schon mehrfach bin ich jedoch Zeuge geworden, wie sich solche Positionen im Laufe von Jahrzehnten wiederum auch positiv verändern können. Menschen, die sich selbst als »ungläubig« bezeichnet haben, fahren Schritt für Schritt wieder »religiöse Antennen« aus, öffnen sich für die Möglichkeit, dass es Gott doch geben könnte, und finden einen für sie stimmigen Weg mit Gott – und dies nicht zuletzt aufgrund religiöser Fragen der eigenen Kinder.

Nichts geht verloren
Nichts von dem, was Sie als Eltern Ihren Kindern an religiöser Orientierung ermöglicht haben, geht verloren. Die Öffnung des Kindes auf Gott hin ist wie ein Samenkorn, das auch noch sehr spät aufgehen kann. Falls es wirklich nie aufgehen wird, haben Sie das – biblisch gesprochen – weder positiv noch negativ in der Hand. Für viele Menschen ereignet sich die Begegnung mit Gott erst in Krisensituationen; oft findet sie – nicht überraschend – sogar erst in der Sterbephase statt. Und dennoch können Sie als Großeltern mit Ihren erziehenden Kindern einfühlsam diskutieren:

Wenn du selbst unmusikalisch bist, kannst du dennoch deinem Kind die Möglichkeit geben, ein Instrument zu lernen.

Wenn du selbst nicht Fußball spielst, kannst du dennoch deinem Kind eine Chance geben, Fußball spielen zu lernen.

Wenn du selbst den Glauben an Gott verloren hast, kannst du es dennoch deinem Kind ermöglichen, den Glauben an Gott aufzubauen.

Dass es für Kinder in einer immer mehr multireligiös werdenden Gesellschaft eine wichtige Grundkompetenz sein wird, sich religiös zu orientieren, selbst reflektiert religiöse Erfahrungen zu machen und interreligiöses Verständnis aufzubauen, wird auch gesellschaftlich immer relevanter.

»Mein Kind soll sich später selbst entscheiden?«
Dem Kind religiös eine Chance zu geben, ihm nicht Wege zu verbauen, ist eine wichtige Aufgabe junger Eltern, wenn man wirklich vom Kind her denkt. Wenn Kinder gar keine »religiöse Grundgrammatik und Sprache« erwerben, wie sollen sie sich dann entscheiden? Und umgekehrt: Gläubige Eltern sollten ihren Kindern Entscheidungsspielraum zugestehen, sich auch gegen Gott zu entscheiden. Schließlich teilen wir mit unseren Kindern nicht nur Nahrung, Essen und Wohnraum. Wir erleben mit ihnen – ob wir es wollen oder nicht – dauernd Sinnerfahrungen.

Wer seinem Kind ein Leben ohne Gott kommuniziert, trifft damit schließlich auch eine (Voraus-)Entscheidung. Wie und wann Menschen dann Gott begegnen und wie er ihnen begegnet, ist und bleibt ja auch für religiöse Menschen – für diese sogar umso mehr – ein göttliches Geheimnis!

Gegenseitige Akzeptanz der jeweils anderen Familienkultur

Es ist unerlässlich, die Kultur der Enkelfamilie anzuerkennen. Dies gilt auch umgekehrt. Als Großeltern eigene Rituale auszusetzen, verhindert ja nur neue Lernerfahrungen. Kinder lernen durch Vielfalt, sie lernen vor allem auch dadurch, dass sie mitbekommen: Die einen machen dies so, die anderen so. Andere als andere wahrzunehmen und gelten lassen ist eine wichtige Kompetenz, die zu anspruchsvoller Bildung beiträgt. Religionspädagogisch ist erwiesen, dass Kinder durch die Wahrnehmung des jeweils anderen Wichtiges für sich selbst hinzugewinnen; sie sind sehr »neu-gierig« auf andere Lebensvollzüge. Dies ist für die Persönlichkeitsentwicklung zentral.

Enkeln Vorbild sein
Wenn Ihre Kinder auf religiöse Erziehung Ihrer Enkelkinder verzichten, können Sie als Großeltern trotzdem für Ihre Enkelkinder Vorbild sein. Ihre Enkelkinder können religiöse Überzeugungen und Rituale bei Ihnen als selbstverständlich in den Alltag integriert erleben. Vielleicht wundert sich Ihr Enkelkind anfänglich über das gemeinsame Gebet vor dem Essen bei Ihnen. Aber Kinder sind interessiert und für Neues generell aufgeschlossen. Das Tischgebet kann gerade dann besonders interessant sein, wenn Ihr Enkelkind es von zu Hause nicht erlebt.

Die Großeltern beten wie immer vor dem Essen und reichen sich nach dem kurzen Gebet die Hände – selbstverständlich auch dem dreijährigen Enkel, der aber plötzlich vom Tisch weggeht. Dieser Ritus ist für den kleinen Jungen offensichtlich (noch) nicht nachvollziehbar. Ein Jahr später: Die Großeltern beten ausnahmsweise nicht vor dem Essen, spontan sagt jetzt der Vierjährige: »Oma, da fehlt noch was ...« Plötzlich fordert er selbst das Gebet ein. Er bleibt sitzen und reicht mit strahlenden Augen die Hände. Seither ist es ein stabiler Ritus für ihn und seine Familie, bei Oma und Opa vor dem Essen zu beten.

Kennen Kinder religiöse Rituale von ihren Eltern nicht, ist für sie umso interessanter und lehrreicher, sie bei Besuchen mit den Großeltern erleben zu können. Sie können – wenn Ihr Enkelkind auf Besuch bei Ihnen ist – abends mit Ihrem Enkelkind eine Kerze anzünden, ihm aus der Kinderbibel vorlesen und vor allem mit ihm noch einmal den Tag durchgehen – »Was war heute schön, was war nicht so schön?« – und sich damit gemeinsam Gott anvertrauen. Ausführlichere Anregungen, wie Sie als Großeltern die Gottesneugier Ihrer Enkelkinder begleiten können, finden Sie im späteren Kapitel »Gottesneugier begleiten«.

Als Großeltern Glaubenszeugen sein

»Großeltern wird eine wichtige Rolle in der Erziehung zugeschrieben, insbesondere bei problematischen Beziehungen zu den Eltern. Werden die Beziehungen zu den Eltern in der Adoleszenz verändert, gewinnen die Großeltern als Bezugspersonen möglicherweise an Bedeutung und werden als wichtige Identifikationsfiguren im religiösen Bereich angegeben.«[7] Aus Sicht der gefragten Jugendlichen kommt Großeltern »in der Entwicklung von Familienreligiosität und in der Entwicklung von Kindern und Jugendlichen große Bedeutung zu«[8].

Jugendliche berichteten uns in Interviews immer wieder davon, wie wichtig ihnen rückblickend ihre Großeltern bei religiösen Fragen Vorbilder waren. Vor allem die emotionale Zuwendung der Großeltern durch die Rituale wurde als sehr eindrucksvoll hervorgehoben. Großeltern sind bei der religiösen Entwicklung der Kinder und Jugendlichen sehr wichtig: »Sie fungieren oft als zentrale Vertrauenspersonen, die im Erleben ihrer heranwachsenden Enkelkinder einen Zusammenhang von Glaubens- und Alltagsvollzügen garantieren«[9], heißt es in der Studie. Und die quantitative Befragung bestätigt: 83 Prozent der Jugendlichen erinnern sich daran, dass ihre Eltern ihnen als kleinen Kindern von Gott erzählt haben. 62 Prozent der Großeltern haben mit ihren Enkelkindern von Gott gesprochen. Wirkungszusammenhänge bestehen also über mehrere Generationen hinweg. In der religiösen Erziehung können Großeltern folglich großen Einfluss haben – und sie nehmen diese Verantwortung offensichtlich auch gerne wahr: In fast jeder zweiten Familie engagieren sich die Großeltern in der religiösen Erziehung.[10] Wenn Ihre Enkelkinder Sie also als emotional zugewandte Großeltern wahrnehmen, die an Gott glauben und religiöse Rituale realisieren, dann wird dies Wirkung zeigen. Mehr als Glaubenszeuge für Ihre Enkelkinder zu werden, brauchen Sie nicht zu tun.

Bernhard Grom[11] hat in seinen Analysen internationaler Untersuchungen zu Familienreligiosität und religiöser Identitätsbildung auf den Zusammenhang von emotionaler Zuwendung und erfolgreicher religiöser Erziehung in Familien hingewiesen. Demnach ist die religiöse Erziehung ein kommunikativer Prozess, den Kinder durch die Zuwendung »du bist radikal geliebt, du bist ein Wunschkind Gottes, du bist für uns wichtig« erleben können. In der religiösen Erziehung geht es eben nicht nur um Begriffswissen, sondern um die Wahrnehmung und Realisierung der grundlegenden Zugehörigkeit zum »Be-Reich« Gottes, zu Akzeptanz und unbedingtem Geliebtsein. Es geht um unsere Existenz in der Gottesbeziehung. Es geht um die »Inexistenz« – wie Thomas Schreijäck[12] dies gut begründet hervorgehoben hat. Wir sind ja immer schon *in* der Gottesbeziehung. Entscheidend für eine gelingende religiöse Erziehung ist vor allem, welche Gottesvorstellungen wir mit unseren Kindern und Enkelkindern kommunizieren.

3. Eigene Gottesbilder

Wie meine Großmutter meine Gottesvorstellung prägte

Meine Großmutter Josephine Biesinger war für mich religiös sehr wichtig. Ich habe sie bis heute immer wieder spürbar bei mir, obwohl sie schon lange tot ist. Aber sie hat mir als Kind die damals weitverbreiteten Gottesvorstellungen mitgegeben, die neben einem tief vermittelten Gottvertrauen auch Angst gemacht haben.

Bis heute habe ich folgendes Erlebnis präsent: Wir hatten auf unserer kleinen Landwirtschaft den Heuwagen gerade noch rechtzeitig in die Scheune schieben können, als ein riesiges Gewitter anbrach: Es krachte, hagelte, blitzte, ein Donnergrollen nach dem andern, Wolkenbruch, das Wasser schoss unsere Straße hinunter, das Licht ging aus. Angst pur. Meine Großmutter nahm uns Kinder an die Hand und führte uns durch die Dunkelheit ins Wohnzimmer. Sie zündete eine Kerze an und betete mit uns: »Im Anfang war das Wort und das Wort war bei Gott und Gott war das Wort« – der Beginn des Johannesevangeliums. Ich kann diese Verse bis heute auswendig – es gab ja immer wieder Gewitter. Wir beteten und bald danach verzog sich das Gewitter. Ich war fasziniert, dass das Beten gegen Gewitter hilft. Wenn man lange genug betet, geht jedes Gewitter weg! Dieses Ritual mit meiner Oma möchte ich bis heute nicht missen. Es hat mir bewusst gemacht: In der Stunde der Not kannst du direkt mit Gott sprechen. Ich konnte auf diesem Wege lernen, mich in solchen Momenten Gott anzuvertrauen. Dieses Vertrauen ist mir als eine der kostbarsten Gaben meiner Großmutter bis heute in meiner Tiefenseele erhalten geblieben. Dafür bin ich ihr bis heute dankbar.

Dieses Grundvertrauen, in der Stunde massiver Gefährdung und verzweifelter Hoffnungslosigkeit, direkt mit Gott reden zu können, habe ich in meinem Leben ganz oft brauchen können: Bei schweren Krankheiten in der Familie, abrupten Todesfällen, als Notfallseelsorger am Nachmittag des Amoklaufes am 11. März vor der Albertville-Realschule in Winnenden, in Wohnungen und Häusern, wohin mich die Polizei oder das Rote Kreuz oft mitten in der Nacht gerufen hat, um Menschen in ihrer Verzweiflung und ihrem lauten Schreien beizustehen.

Nach dem Gewitter sagte mir aber meine Oma auch: »Albertle, hast du gesehen, der Himmelvater hat mit dir geschimpft, weil du mir nicht gehorcht hast.« Dieses Bild von Gott als Buchhalter hat meine Kinderjahre sehr beeinflusst. Mit dieser Situation ist das widersprüchliche Gefühl in meine Seele eingezogen: »Auf den musst du aufpassen, der merkt sich alles, sieht alles und dann schlägt er fürchterlich zu ...« Und: »Der Gott macht ja ein ganz schönes Theater, nur weil ich da Oma nicht gehorcht habe ...«

Solche Gottesbilder können einengen und Angst machen. Erst viel später während meines Theologiestudiums konnte ich mich von diesen Gottesbildern innerlich so ablösen, dass ich zu anderen Bildern vom befreienden Gott in mir finden konnte: Vor Gott habe ich keine Angst. Vor Gott habe ich »Ehr-Furcht«. Ich verneige mich vor Gott, aber er ist für mich nicht angsterregend. Was wäre er für ein Gott! Gott will Ihnen, mir und allen Menschen Heil und Erlösung.

Gottesbilder engen ein oder machen frei

Heute trage ich Bilder vom befreienden Gott in mir: Gott ist wie ein guter Vater, zu dem ich »ABBA« – »Papa« sagen kann. Ich verneige mich vor Gott, aber nicht aus Angst, sondern als Zeichen meiner Verehrung. Gott will Ihnen und mir und allen Menschen das Beste. Wenn wir uns von Gott durch Schuld und Sünde entfernt haben – und kein einziger Mensch kann ohne Schuld durch dieses Leben kommen –, dann sind Umkehr und Hinkehr jederzeit möglich. Wie den verlorenen Sohn (vgl. Lukas 15,11–32) wird Gott uns in seine Arme nehmen, uns begleiten und weiterführen.

Unterschiedliche Gottesbilder zwischen Großeltern und Eltern, so höre ich in vielen Diskussionen vor allem mit jungen Eltern, erzeugen manchmal Spannungen in der religiösen Erziehung. So geschieht es immer noch, dass junge Eltern versuchen, ihren Kindern positive

Gottesbilder mit auf ihren Lebensweg zu geben, während die Großeltern angstmachende Gottesbilder, wie etwa »du kommst in die Hölle« oder »Gott passt auf, ob du etwas falsch machst« oder »jetzt mag dich der liebe Gott nicht mehr«, vermitteln.

Manche Großeltern überlegen offensichtlich zu wenig, was solche Gottesvorstellungen in der psychischen Entwicklung von Kindern anrichten, ja sie direkt beschädigen. Solche Sätze sind religionspädagogisch schlicht und einfach verboten: Angst vor Gott ist christlich sinnlos. Es grenzt geradezu an eine Beleidigung Gottes, wenn wir ihn zum Angst-Götzen degradieren und unsere Ängste auf ihn projizieren. Es gibt überhaupt keinen Beleg dafür, dass Jesus Kindern Angst vor Gott gemacht hat. Wenn er vom »Gericht« gesprochen hat, zielte dies immer auf Erwachsene ab. Jesus hat die Kinder berührend auf seine Arme genommen und sie gesegnet.

Die Segnung der Kinder: Markusevangelium 10,13–16
Da brachte man Kinder zu ihm, damit er ihnen die Hände auflege. Die Jünger aber wiesen die Leute schroff ab. Als Jesus das sah, wurde er zornig und sagte zu ihnen: Lasst die Kinder zu mir kommen; hindert sie nicht daran! Denn Menschen wie ihnen gehört das Reich Gottes.
Amen, das sage ich euch: Wer das Reich Gottes nicht so annimmt wie ein Kind, der wird nicht hineinkommen. Und er nahm die Kinder in seine Arme; dann legte er ihnen die Hände auf.

Nur mit Erwachsenen hat Jesus über das Gericht gesprochen

Für uns Erwachsene ist es sehr wohl wichtig, uns kritisch den Folgen unseres Handelns zu stellen und nicht alles für akzeptabel und richtig zu halten. Wir können uns mit unserem Handeln sehr wohl von Gott entfernen, zu ihm auf Distanz gehen. Ich war hungrig – und ihr habt mir nichts zu essen gegeben. Ich war krank und ihr habt mich nicht besucht (vgl. Matthäusevangelium 25,32f.)

Gottes Gericht meint nicht: Gott richtet uns zu, richtet uns ab und verdammt uns. Gottes Gericht ist Barmherzigkeit für alle, die sich Gott öffnen, sich ihm anvertrauen und sich von ihm »heilen« lassen, auch wenn es erst in der Begegnung mit IHM angesichts des Todes ist. Gott ist Gott – er wird seine Wege haben, um seine Geschöpfe zu retten. Gottes Gericht meint: Gott richtet uns auf, er richtet uns aus auf die ewige Existenz mit IHM – außerhalb von Raum und Zeit.

Papst Franziskus weist derzeit zu Recht immer und immer wieder darauf hin. Gott wird – wie er damals den verlorenen Sohn in seine Arme genommen hat (Lk 15,11–32) – uns nicht abstürzen lassen und aufgeben, sondern uns begleiten und weiterführen.[13] So beschreibt es Lukas:

Der verlorene Sohn: Lukasevangelium 15,11–24
Ein Mann hatte zwei Söhne. Der jüngere von ihnen sagte zu seinem Vater: Vater, gib mir das Erbteil, das mir zusteht. Da teilte der Vater das Vermögen auf. Nach wenigen Tagen packte der jüngere Sohn alles zusammen und zog in ein fernes Land. Dort führte er ein zügelloses Leben und verschleuderte sein Vermögen. Als er alles durchgebracht hatte, kam eine große Hungersnot über das Land und es ging ihm sehr schlecht. Da ging er zu einem Bürger des Landes und drängte sich ihm auf; der schickte ihn aufs Feld zum Schweinehüten. Er hätte gern seinen Hunger mit den Futterschoten gestillt, die die Schweine fraßen; aber niemand gab ihm davon. Da ging er in sich und sagte: Wie viele Tagelöhner meines Vaters haben mehr als genug zu essen und ich komme hier vor Hunger um. Ich will aufbrechen und zu meinem Vater gehen und zu ihm sagen: Vater, ich habe mich gegen den Himmel und gegen dich versündigt. Ich bin nicht mehr wert, dein Sohn zu sein; mach mich zu einem deiner Tagelöhner. Dann brach er auf und ging zu seinem Vater.
Der Vater sah ihn schon von Weitem kommen und er hatte Mitleid mit ihm. Er lief dem Sohn entgegen, fiel ihm um den Hals und küsste ihn. Da sagte der Sohn: Vater, ich habe mich gegen den Himmel und gegen dich versündigt; ich bin nicht mehr wert, dein Sohn zu sein. Der Vater aber sagte zu seinen Knechten: Holt schnell das beste Gewand und zieht es ihm an, steckt ihm einen Ring an die Hand und zieht ihm Schuhe an. Bringt das

Mastkalb her und schlachtet es; wir wollen essen und fröhlich sein. Denn mein Sohn war tot und lebt wieder; er war verloren und ist wiedergefunden worden. Und sie begannen, ein fröhliches Fest zu feiern.

Wenn Sie selbst angstmachende Gottesbilder in sich tragen, könnten Sie sich selbst zuliebe, aber auch im Blick auf den Dialog mit Ihren Enkelkindern, Ihre eigenen Gottesvorstellungen überprüfen. Der Austausch und die Diskussion mit Ihren Kindern oder Enkeln kann dabei hilfreich sein. So hat die religiöse Erziehung die Möglichkeit, zu einem gemeinsamen Projekt und einer gemeinsamen Entwicklung des Glaubens zu werden.

Mein damals fünfjähriger Enkel Joshua hat mir beeindruckend die Augen für christliche Nächstenliebe geöffnet: Ich war im Aufbruch zu einem Kongress nach Peru und erzählte ihm, dass ich dort arme Kinder treffen würde, die kaum was zu essen hätten. Spontan drückte er mir in seinem Kinderzimmer den gesamten Inhalt seiner Sparbüchse in die Hand und sagte: »Opa, kauf den armen Kindern Äpfel – weil Äpfel gesund sind.«

Er hat so was von spontan gewusst, dass es ja wohl nicht sein kann, dass Kinder hungern müssen und vor allem: Er hat reagiert. In Peru habe ich dann einen großen Sack Äpfel gekauft und den Kindern des armen Dorfes Jatuccacci – auf 4500 m Höhe in den Hochanden über dem Titicacasee gelegen – Äpfel von Joshua geschenkt und sie gesegnet. Jesus hat Kindern gezeigt, dass Gott sie radikal liebt und sie behütet durchs Leben gehen können. Nicht ohne Grund hat er sie als Vorbilder für die Erwachsenen eingesetzt.

Enkelkinder nicht emotional missbrauchen

Dass es in meinem Leben zu einer so intensiven Vernetzung und Verantwortlichkeit mit Kindern und Enkelkindern gekommen ist, hängt auch von einigen Lebensentscheidungen ab. Ich würde diese heute wieder so treffen – nach dem, was ich in der Zwischenzeit weiß, sogar umso mehr. Aber: Ich habe in mir den Anspruch, im Ernstfall auch ohne meine Kinder und Enkelkinder leben zu können, dies deshalb, weil ich sie nicht benutzen will für mein Lebensglück.

In meiner unverrückbaren Beziehung zu Gott bin ich zunächst für mich selbst verantwortlich. Ich bin auch verantwortlich für meine eigene Lebensgestaltung und konkrete Lebensführung. Zumindest solange ich physisch und mental dazu in der Lage bin. Ich will damit nicht Individualismus unterstützen; wir haben in unserer Gesellschaft schon genügend Tendenzen, nur sich selbst für wichtig zu halten. Es ist wunderbar, mit Enkelkindern im nahen Umfeld leben zu können. Natürlich bringt dies Freude, Lebenssinn und leuchtende Augen in mir hervor, aber dennoch: Die Enkelkinder nur zu lieben, damit sie einen selbst auch wieder lieben – man würde sie für die eigenen Bedürfnisse nach Zuneigung und Liebe missbrauchen.

Dafür sind diese zarten Geschöpfe mit ihren Suchbewegungen hinein ins Leben, mit ihren großen Augen, ihren strahlenden Gesichtern und ihrem manchmal bitterlichen Weinen einfach zu schade. Es geht schließlich um Kommunikation auf gleicher Augenhöhe. Es geht um Kommunikation mit hohem Respekt vor der Persönlichkeit des Kleinkindes ebenso wie vor der Persönlichkeit des Kindes im Grundschulalter oder des inzwischen zum Jugendlichen gewordenen Enkels.

Vielleicht liegt das Geheimnis der gelingenden Großeltern-Enkel-Beziehungen gerade darin, dass die Enkelkinder merken: Es gibt Zuwendung und Liebe von innen heraus, ohne um Zuneigung zu buhlen oder Liebe gar einzufordern zu müssen. Enkelkinder so von innen heraus zu mögen, ihnen guttun zu wollen, sowie Nähe und Distanz einzuhalten, ist die eigentliche Aufgabe. Dies ist letztlich auch eine spirituelle Grundentscheidung. Wenn ich Liebe und Respekt nur mit Hintergedanken gebe, belaste ich die Beziehung zu den Enkelkindern von vornherein. Andersherum entsteht in Enkelkindern umso mehr in den verschiedenen Altersphasen Zuneigung und Achtung gegenüber Oma und Opa.

Vor allem auf der Ebene von Geschenken ist gut aufzupassen. Wenn ein Enkelkind von den einen Großeltern jedes Geschenk bekommt, das es sich wünscht, die anderen dagegen sehr gut überlegen, was altersgemäß sinnvoll ist, welches Spiel denn richtig passen könnte und dass ein Smartphone für ein fünfjähriges Kind ein falsches Geschenk ist, entstehen Probleme.

Es ist wichtig, »standhaft« zu bleiben und sich auf dieses konkurrierende Spiel – von wem bekomme ich am meisten? – nicht einzulassen, weil das Kindern auch schaden kann. Manchmal wäre es gut, sich vertrauensvoll abzustimmen und nicht gegenseitig zu konkurrieren. Jedoch meist geschieht manches unreflektiert und unterbewusst. Umso wichtiger ist es, dies zu durchschauen.

Jetzt bin ich Opa-Oma – eine spirituelle Selbstreflexion

Das erste Enkelkind macht aus einem Vater einen »Großvater«, aus einer Mutter eine »Großmutter«. Für manche ist es ein Schock: Jetzt bin ich schon eine Oma, ein Opa. Für andere ist es lang erwartet und ein großes Glück.
Wem es peinlich ist, ein »Opa« oder eine »Oma« zu sein, kann schnell dazulernen. Es ist ganz einfach: Dem kleinen Kind ins Gesicht schauen, ihm den kleinen Finger reichen, damit es ihn mit seinem noch kleinen Händchen umgreifen kann. Es ist ein unbeschreibliches Gefühl, diesen kleinen Menschen nach der Geburt zum ersten Mal zu sehen, das unverwechselbare Gesicht und die Hoffnung, die in seiner kleinen Person in diese Welt kommt, gar nicht zu reden später vom ersten Lächeln. Wie oft habe ich mich daran erfreut und freue mich auch derzeit über unser 2015 geborenes Enkelkind, wenn er sich freut, wenn ich mit ihm meine Späße mache.
Die persönliche Erfahrung für manche Großeltern ist aber auch: Ich bin älter geworden. Dieses Kind ist nicht mein Kind, es ist mein Enkelkind. Aber: Wenn ich gar nicht hätte so alt werden können, dass ich Enkelkinder erleben kann, es wäre ein großer Verlust.

Die veränderte Rolle kreativ annehmen

Mit dem Kind ihres Kindes entsteht Neues in Ihrem Leben. Oma und Opa werden in der Regel von den Enkelkindern geliebt. Großeltern haben nicht die Hauptverantwortung für die Enkelkinder. Oft können sie mit mehr Distanz und innerer Ruhe liebevoll und einfühlsam mit ihren Enkelkindern unterwegs sein. Dass sich dabei auch Spannungen ergeben können, liegt auf der Hand. Übergriffige Bemerkungen, Kompetenzüberschreitungen heizen diese ja nur weiter an. Abgesehen davon lieben Enkelkinder Eltern und Großeltern oft gleichermaßen und leiden darunter.

Zeitreise in Ihre eigene Phase als junger Vater, als junge Mutter:

Abends vor dem Einschlafen gehe ich zurück in jene Zeit, als wir unser erstes Kind bekommen haben. Ich lasse die Bilder aufsteigen, wie meine Mutter und mein Vater darauf reagiert haben.
- Welche Signale haben sie ausgesandt?
- Was habe ich als hilfreich, was als übergriffig erlebt?
- Welche Art von Einmischung hat mich geärgert?
- Was hätte ich mir anders gewünscht?
- Worüber konnte ich mit meinen Eltern einfach nicht deutlich reden?

- Würde ich heute viel heftiger auftreten, als ich es damals getan habe, und mich deutlicher abgrenzen?
- Was würde ich heute viel gelassener nehmen? Lass sie doch sagen, was sie wollen, aber ich mache es trotzdem anders.
- Wo würde ich mich heute mit meinen Eltern gar nicht mehr auseinandersetzen?
- Wo war für mich die Grenze bei der religiösen Erziehung unserer Kinder?
- Welche Gottesbilder meiner Eltern will ich meinen Kindern auf gar keinen Fall weitergeben?

Ich beschließe die Übung und denke darüber nach: Was will ich mit meinen eigenen Kindern, die jetzt selbst Eltern geworden sind, bewusst anders machen?

- Statt Einmischung – zugewandter Dialog
- Statt es besser wissen zu wollen – Zutrauen in die Fähigkeiten und Möglichkeiten der jungen Eltern – Statt eines »Wir haben es damals aber anders gemacht« – »Interessant, wie sie es heute anders machen«
- Statt »Warum kommt ihr so selten zu uns und zu den anderen Großeltern häufiger?« – wahrnehmen, was die Gründe dafür sind

- Statt »Ihr solltet mit eurem Kind öfter in die Kirche gehen« – nachfragen: »Welche kindgemäßen Möglichkeiten gibt es denn kirchlich überhaupt vor Ort?«
- Statt »Ihr müsst mit einem Kind aber strenger sein« – »Gibt es möglicherweise heute andere Erziehungsmethoden, die dem Kind mehr helfen als nur streng zu sein?«
- »Ein Klaps auf den Po hat noch nie geschadet.« – Ist es nicht sinnvoller, andere Formen, Kindern Grenzen zu setzen, weiterzuentwickeln?
- Statt »Du musst deinem Kind endlich die Fingernägel schneiden«, – es geht auch später.
- Statt »Du musst dich mehr um dein Kind kümmern« – »Wie geht es dir denn zur Zeit, wenn du nachts dreimal aufstehen musst?«
- Statt »Jetzt muss dein Kind aber doch endlich schon greifen können« – wer sagt, wann ein Kind was können muss?
- Statt »Warum ist deine Wohnung nicht aufgeräumt?« – Vielleicht hat die junge Mutter gerade andere Sorgen.
- Statt »Du musst als Vater dir doch mehr Zeit nehmen für dein Kind.« – Wissen Sie, wie es ihm gerade beruflich geht und wie er unter Druck ist?
- Statt »Du hast mit vier Monaten aber schon Brei gegessen« – jede Mutter, jeder Vater überlegt sich schließlich selbst genau, wann das Baby welche Nahrung bekommen soll.

- Statt »Unser Kinderarzt hat das aber damals ganz anders gesagt« – auch heutige Kinderärzte sind gut und es gibt tatsächlich immer wieder neuere Erkenntnisse ...
- Statt »Da habe ich unserem Kind einfach ein bisschen Honig auf den Schnuller gemacht« – Honig im ersten Lebensjahr kann für Kinder sehr gefährlich sein.
- Statt »Jetzt ist es aber Zeit, dass ihr euer Kind taufen lasst« – es gibt sehr wohl verschiedene Zeitpunkte ein Kind taufen zu lassen.
- Statt »Du musst aber diesen oder jenen als Taufpaten nehmen« – Taufpatin und Taufpate werden von den Eltern und nur von ihnen ausgewählt.
- Statt »Dieser Taufpate oder diese Taufpatin kann dem Kind später größere Geschenke machen« – das Patenamt ist spirituelle Begleitung, Zugewandtheit, Interesse am Leben dieses Kindes über viele Jahre.
- Statt »Du musst dein Kind aber jetzt taufen lassen«– sensible religiöse Begleitung der jungen Eltern. Zudem werden manchmal Kinder im Umfeld der Erstkommunion ihrer Klassenkameradinnen und Klassenkameraden getauft.
- Statt »Mache dies so und jenes anders« – zuschauen und vor allem im Dialog bleiben.

Lernen (in) der Gotteskommunikation zwischen den Generationen

Wenngleich sich die Gewichte an brauchbarer Kompetenz zwischen Großeltern und ihren früh digitalisierten Enkelkindern verschieben, sind Großeltern bei Enkelkindern sehr beliebt. Sie haben oft einen ganz besonderen Status. Großeltern müssen nicht die Alltagskonflikte in der Erziehung, Schulprobleme oder Hausaufgaben mit den Kindern »erledigen«. Damit sind sie kommunikativ in einem qualitativ anderen Zuwendungsverhältnis zu den Enkelkindern. Großeltern können eine hohe Autorität für Sinnfragen haben, wenn sie aus ihrem Leben reflektiert und für Kinder stimmig erzählen. Deswegen ist es wichtig, als Großeltern die eigene Gotteskommunikation zu reflektieren.

- Ist Gott ist für mich die »Vertrauensperson«, mit der ich rede, wenn es in meinem Leben schwierig wird?
- Ich bete zu Gott, weil ich weiß, dass er mich hört. Ich weiß aber auch, dass er nicht alle meine Wünsche erfüllt und erfüllen kann. Und trotzdem vertraue ich mich Gott an.
- Ich vertraue mich am Abend vor dem Einschlafen Gott an, der für mich wie ein wärmendes Licht ist. Ich vertraue ihm meinen Tag an und kann gut einschlafen.

- Für mich ist es zu kurz gegriffen, wenn Menschen sagen, dass mit dem Tod alles aus ist. Woher wissen sie das denn?
- Wenn Menschen sagen, dass Gott nur eine Erfindung der Menschen sei, damit sie besser mit dem Sterben und dem Tod zurechtkommen, dann ist mir dies zu platt: Wenn ich mir etwas wünsche, dann ist noch lange nicht gesagt, dass das, was ich mir wünsche, nicht existiert. Als ich als junger Mann wünschte, die richtige Frau fürs Leben zu finden, gab es diese Frau trotzdem, obwohl ich sie mir gewünscht habe. Und manchmal sagen Menschen, dass es Gott nicht geben kann, weil es ja so viel Leid auf der Welt gibt. Dies ist mir zu oberflächlich. Vieles an Leid auf dieser Welt wird direkt von Menschen gemacht. Gott will nicht Hunger, Gott will nicht Kriege, Gott will nicht, dass Menschen – für immer – sterben.

Ich frage Gott manchmal selbst, warum er uns Menschen so erschaffen hat, dass wir hier erst mal sterben müssen. Manchmal weine ich, wenn ich am Grab von Menschen stehe, die mir ganz nahe waren. Und manchmal klage ich, wie es Jesus getan hat: Er hat geweint, als sein Freund Lazarus gestorben ist – so steht es ausdrücklich in der Bibel. Abschiede mag ich nicht.

Wenn ich mich erst mal selbst diesen heiklen Fragen stelle, dann kann ich mich auch den großen Fragen der Enkelkinder kompetenter und authentischer stellen.

4. Wie kann ich konkret Enkelkinder ich ihrer Gottesneugier begleiten?

Wenn Ihre Enkelkinder immer wieder bei Ihnen zu Hause sind, ist es wichtig, die eigenen religiösen Rituale selbstverständlich mit ihnen zu teilen. Gerade wenn die Enkelkinder bei ihren Eltern keine religiöse Erziehung bekommen, ist es für sie sehr interessant, genau das kennenzulernen, was sie noch nicht kennen. Persönlichkeitsbildung entsteht durch die Wahrnehmung und Verarbeitung von Vielfalt:

»Meine Oma betet immer vor dem Essen. Meine Mama aber nicht.«

»Wenn ich in den Ferien bei meiner Oma in Kroatien bin, dann sind da ganz viele religiös. Bei uns zu Hause aber nicht.«

»Mein Opa liest mir abends vor dem Einschlafen aus der Bibel vor. Die Geschichten finde ich ganz interessant.«

Oder: Die Großeltern sind zu Besuch bei den Kindern und Enkelkindern. Am Abend zieht die Vierjährige aus dem Kinderbücherregal die Kinderbibel heraus und sagt: »Wir sollen die Geschichte mit dem hier da, mit dem Weißen um den Kopf, lesen.« Es stellt sich heraus, dass sie die Geschichte vom barmherzigen Samariter meint – der unter die Räuber zum Opfer Gefallene wird in der Kinderbibel mit verbundenem Kopf dargestellt.

Es ist für die Kinder in der Regel sehr interessant, wie unterschiedlich Menschen verschieden auf die Situation reagieren. Ganz einfach ist es, wenn sie mit ihren Enkelkindern beim Gang durch die Stadt in die stille Kirche hineingehen – Kinder lieben die Stille der Kirche – und eine Kerze anzünden. Wir beten kurz gemeinsam. Ich bete für die Uroma, die krank ist. Und wir beten auch gemeinsam für den Papa und die Mama, dass es ihnen gut geht. Kinder zünden mit Begeisterung eine Kerze an.

»Opa, hast du denn den lieben Gott schon einmal gesehen?«

Der fünfjährige Noah ist eines unserer sechs Enkelkinder. Ich hole Noah immer wieder vom Kindergarten ab. Auf dem Heimweg bleibt er auf halber Strecke auf dem Gehweg plötzlich stehen und sagt zu mir: »Opa, hast du den lieben Gott schon einmal gesehen?«

Mit großen Augen schaut er mich gespannt an, was ich jetzt gleich sagen werde. »Gott habe ich noch nie ganz gesehen. Gott ist so groß, dass ich ihn mit meinen menschlichen Augen – und ich zeige auf meine beiden Augen – noch nicht sehen kann. Aber ich habe Gott schon ganz nahe gespürt – in mir. Und ich weiß von Jesus viele Geschichten über Gott.

Er ist extra in unsere Welt gekommen, um uns zu verkünden, dass wir zu Gott gehören und Gott uns ganz arg lieb hat. Gott ist so groß, dass er überall auf der Welt ist, weil er ja die ganze Welt erschaffen hat. Er ist in mir, weil er mich erschaffen hat. Daher muss er ja in mir sein und er ist in dir, weil er dich auch erschaffen hat.«

Noah lächelt und freut sich und deutet mit seinem Zeigefinger auf sein Herz: »Dann ist er auch bei mir hier drin.« Damit ist das Gespräch auf dem Gehsteig zu Ende und wir wenden uns wieder anderen Dingen zu – vor allem der Frage, was es heute bei Oma und Opa zum Mittagessen gibt – und was für eine Überraschung danach.

Wenn es zu Konflikten wegen der religiösen Erziehung kommt

Es sind weit über sechzig junge Eltern zu meinem Vortrag »Kinder nicht um Gott betrügen« gekommen. In der Diskussion geht es rasch zur Sache: Eine junge Mutter schildert ihre Probleme mit den Großeltern. »Sie reden mir religiös dauernd rein. Die Oma macht den Kindern Angst vor der Hölle. Ich will das nicht. Sie soll sich lieber ganz raushalten.« Daraufhin steigt eine weitere Frau in die Diskussion ein und schildert ihr Leid: »Meine Schwiegertochter verbietet mir, mit unserem Enkelkind über Gott zu sprechen. Kürzlich habe ich mit dem Kind in der Kirche eine Kerze angezündet. Dies hat zu einem ernsthaften Streit geführt.«

Eine andere Großmutter kann dies alles gar nicht verstehen: »Wenn die Enkelkinder bei uns sind, dann beten wir vor dem Essen ein kindgemäßes Tischgebet: »Jedes Tierlein hat sein Essen, jede Pflanze trinkt von dir, hast auch unser nicht vergessen, lieber Gott wir danken dir.« Die Kinder freuen sich darüber. Jetzt haben sie auch zu Hause zu ihrem Papa gesagt: Papa, erst beten.«

Ich kenne eine große Anzahl von Großeltern, die darunter leiden, dass ihre eigenen Kinder bei den Enkeln religiöse Erziehung komplett ausfallen lassen. Andere Großeltern stellen fest, dass ihre Kinder nicht wissen, wie religiöse Erziehung konkret gehen soll. »Wir haben doch am Abend ganz oft aus der Bibel vorgelesen. Wir haben vor dem Essen mit unseren Kindern damals gebetet. Warum tun sie dies heute selbst als Eltern nicht? Haben wir einen Fehler gemacht?« Eine weitere Großmutter äußert: »Wenn ich die Enkelkinder bei mir habe, dann wird es so gemacht, wie ich es für richtig halte. Mein Mann und ich geben unsere Familienrituale doch nicht einfach auf, weil die Enkelkinder da sind.« Oder: »Die Zeiten haben sich so geändert, dass man eigentlich gar nichts mehr machen kann – die armen Kinder. Wenn ich sehe, wie überzeugt muslimische Kinder heute bereits im Kindergarten über ihren Glauben sprechen und ihn verteidigen und ich dann meine religiös verwahrlosten Enkelkinder anschaue, wie soll denn das später weitergehen?« Oder: »Es ist alles schlechter geworden. Die Kirche kümmert sich ja nicht um die jungen Eltern. Anstatt so viel Geld in verschiedene Bauten zu stecken, sollte man besser die jungen Eltern auf die religiöse Erziehung ihrer Kinder vorbereiten und begleiten.«

Diese Ausgangslagen, die mir in den letzten Jahren live und basisnah in konkreten Dialogen mit Eltern während der Vorträge in städtischen und ländlichen Gebieten begegnen, machen mich sehr nachdenklich.

Hinterlassen Sie Ihren Enkelkindern eine große Verheißung für ihr Leben

Viele Großeltern denken an ihre Enkelinnen und Enkel. Was will ich dir hinterlassen? Ein Sparbuch? Eine Wohnung? Ein Grundstück? Aktien? Das ist ja je nach finanzieller Ausgangslage für viele möglich, für andere jedoch überhaupt gar nicht denkbar.

Ich möchte unseren Enkelinnen und Enkeln eine friedvolle Welt, eine lebensfähige und lebenswerte Umwelt und Lebenswelt hinterlassen – nicht nach der Mentalität: *Nach mir die Sintflut!*

Für die Kinder bleibt dann im Nachhinein: Mein Opa und meine Oma haben mit mir viele schöne Sachen gemacht. Sie haben sich Zeit genommen, mir vorzulesen.

Sie haben mit mir gespielt. Ich durfte zu ihnen in die Ferien kommen. Sie haben mir die Welt gezeigt. Sie haben mit mir gebetet. Sie sind manchmal mit mir in eine Kirche gegangen und haben mit mir eine Kerze angezündet. Kindern nicht nur Finanzielles zu hinterlassen, sondern einen weiten spirituellen Sinnhorizont, ist die eigentliche Herausforderung. Schenken Sie Ihren Enkelkindern Erfahrungen mit der Gotteskommunikation – den weiten Gotteshorizont!

Gerade wenn man in den späteren Jahren des Lebens stressfreier von beruflichen Belastungen leben und nachdenken kann, dann ist es für Enkelkinder manchmal eine große Chance, mit dem Opa und der Oma über Gott und die Welt nachzudenken:

Du kommst aus Gott,

du bist von Gott umhüllt,

Gott liebt dich radikal über den Tod hinaus.

Für viele junge Eltern ist es eine Unterstützung, wenn Großeltern ihren Enkelkindern etwas mitgeben, was vielleicht im Alltagsstress der jungen Eltern zwischen Beruf, Partnerschaft, Familie und Freizeit gar nicht so richtig zum Zuge kommen kann. Bei der Oma auf dem Schoß sitzen und mit ihr ein Bilderbuch anschauen und lesen. Welches Kind möchte das nicht?

Schenken Sie Ihren Enkelkindern Zeit

Wenn Sie ihnen Materielles schenken, füllt sich zwar das Kinderzimmer mit immer mehr Spielzeug, aber vielleicht brauchen Ihre Enkelkinder ruhige Zuwendung, einen humorvollen, lächelnden Opa zur Begrüßung, einen Opa, der mit ihnen Fahrrad fährt, und eine Oma, die sich Zeit nimmt, das Lieblingsspiel des Kindes herauszuholen und auf das Kind richtig einzugehen.

Wir können aus der eigenen Kindheit erzählen. Kinder fragen, wie war es eigentlich, als du klein warst? Es ist im Blick auf evangelisch-katholische Konfessionen eine bewährte Forschungsstrategie, Kinder ihre Großeltern befragen zu lassen. »Oma, wie war das, als du noch ganz klein warst und evangelisch?« »Opa, du bist doch auch mal zur Erstkommunion gegangen – wie war das denn damals?« Kinder hören gerne auf solche biografischen Geschichten. Sie machen sich ihre eigenen Fantasien. Und wenn sie so locker fragen, dann können Sie ja von sich aus einfach loserzählen, solange es Interesse hat oder abschaltet. Man kennt sich ja schließlich schon länger.

Weil Gott uns auch tröstet

Kinder können oft untröstlich traurig sein. Es können Kleinigkeiten sein. Beispielsweise verliert das Kind in einem Spiel oder aber es kommt untröstlich vom Kindergarten zurück und wurde von der besten Freundin geschlagen oder gehänselt, gemobbt, geärgert. Wenn

Sie ein gutes Verhältnis zu Ihren Enkelkindern aufbauen, sind Sie rasch Anlaufstelle in den kleinen oder großen Tränen. Auch Kinder haben große Sorgen. Wir haben nicht das Recht, ihre Sorgen und Ängste kleinzureden oder sogar zu verspotten. Es ist ja eher ein neueres Problem, dass Kinder sich auch digital gegenseitig attackieren. Dies läuft schon in Grundschulen. Aufmerksam und mit »ausgefahrenen Antennen« mit Kindern auch darüber zu reden, kann viel Unheil abwenden.

Eine gemeinsame Ferienwoche mit den Enkelkindern

Kürzlich konnten wir mit unserer Enkelin Lisa, neun Jahre, und unserem Enkel Jonas, sechs Jahre, eine Woche verreisen. Es ist eine beeindruckende und sehr erfreuliche Zeit geworden. Wenige Tage zwar nur, aber wir lernten unsere Enkelkinder auch von ganz neuen Seiten kennen. Viele Gespräche über Gott und die Welt, Spielplätze, eine Fahrt mit dem Elektroboot auf dem See, Bauernhöfe, Bimmelbahn, Seilbahn auf die Festung in Salzburg.

Aber etwas ganz Besonderes war: Am Abend nach dem Waschen, Zähneputzen, Schlafanzuganziehen lese ich beiden auf dem Bett liegend – einer links, die andere rechts – das Buch vom »Sams« vor, am anderen Abend Geschichten aus meinem Buch »Verbinde dich mit dem Himmel«[14]. Nachdem die Bücher geschlossen sind, haben wir Gespräche über Leben und Tod geführt, über den Himmel und dass der Himmel ja viel größer ist als

Sonne, Mond und Sterne und auch etwas ganz anderes meint bei Jesus.

Ich kratze beiden den Rücken und wir singen: Kyrie eleison – Christe eleison, das »Mantram« des Christentums. Zunächst kommt es den Kindern natürlich fremd vor. Aber gerade in diesem Alter sind Kinder ja neugierig und lieben auch das Ungewohnte und das Fremde. Nach wenigen Minuten singen sie meditativ mit – und singen weiter, als ich hinausgegangen bin. Schnell schlafen sie ein. Jeden Abend habe ich mit ihnen dieses Abendritual gestaltet. Zuvor haben wir darüber gesprochen: Was war heute schön – was war nicht so schön? »Lieber Gott, heute haben wir uns auch mal gestritten. Aber jetzt ist alles wieder gut. Schlaf gut, lieber Gott!«

Vor über dreißig Jahren habe ich dieses Abendritual mit unseren damals kleinen Kindern ähnlich gestaltet. Beeindruckend für mich ist, dass auch die Kinder von heute geradezu wegschmelzen, wenn sie diese körperliche und spirituelle Zuwendung bekommen. Immer wieder, wenn auch nicht regelmäßig, haben wir Gott vor dem Essen dafür gedankt, dass wir überhaupt etwas zu essen haben. Wenn wir unterwegs sind, gehen wir immer wieder in Kirchen und die Kinder dürfen eine Kerze anzünden für den 93-jährigen Uropa, der krank und bettlägerig ist. Füreinander beten ist wie Liebesgrüße verschicken.

Vorlesen, Vorlesen, Vorlesen

Immer wieder neu kommen Forschungsergebnisse, dass Kinder kognitiv und emotional sehr davon profitieren, wenn sie Bezugspersonen haben, die ihnen vorlesen. Die Geschichten über Gott in der Bibel eignen sich dazu bestens. Biblische Geschichten stecken voller Verheißungen, voller Alltagsprobleme, aber auch voller Glückserfahrungen.

Für kleinere Kinder eignet sich »Das große Bibel-Bilderbuch«[15] sehr gut. Dieses Buch hat schon unsere eigenen Kinder begleitet. Es sind kurze Sätze, knapp, aber gehaltvoll formuliert, mit eindrucksvollen Bildern von Kees de Kort. Ein Bestseller und Schlager über Generationen hinweg.

Das von mir mit einem unserer Enkelkinder entwickelte Buch »Meine Erstkommunionbibel«[16] geht von alltäglichen Anforderungssituationen von Kindern im Alltag aus und erschließt dazu passend entsprechende biblische Geschichten:
- Wenn ich fröhlich bin – Die Psalmen
- Wenn ich wütend bin – Die Geschichte von Ijob
- Wenn ich etwas verloren habe und es endlich wiederfinde – Die Geschichte von der verlorenen Drachme
- Wenn ich mich hilflos fühle – David und Goliat
- Wenn ich etwas tun soll, wozu ich überhaupt keine Lust habe – Die Geschichte von Jona oder Mose und der brennende Dornbusch
- Wenn ich Streit habe – Josef und seine Brüder

- Wenn ich Angst habe – Jesus und der Sturm
- Wenn ich mich alleine fühle – Jesus und der Unberührbare
- Wenn immer nur die Großen zählen – Die Geschichte vom verlorenen Schaf
- Wenn ich traurig bin – Die Geschichte von Zachäus oder Die Emmausgeschichte
- Wenn ich mich frage, woher die Welt kommt – Die Geschichte vom Anfang der Welt
- Wenn ich mich frage, warum Menschen leiden – Noach und die Arche
- Wenn ich mich frage, warum wir an Weihnachten Geschenke bekommen – Jesus kommt auf die Welt
- Wenn ich mich frage, was richtig und was falsch ist – Die Geschichte vom verlorenen Sohn
- Wenn ich mich frage, ob es Wunder gibt – Jesus, das Brot und die Fische
- Wenn ich mich frage, warum wir überhaupt Kommunion feiern – Jesus feiert mit seinen Freunden Abendmahl
- Wenn ich mich frage, was nach dem Tod kommt – Die Geschichten vom Ostermorgen

Biblische Geschichten können für Kinder, aber auch für uns Großeltern, sehr alltagsnah und lebensrelevant sein. Sie vorzulesen bedeutet für die Enkelkinder gleichzeitig Nähe, Zuwendung und vor allem Interesse an ihrer spirituellen Entwicklung.

5. Die eigene Endlichkeit – Spirituelle Selbstreflexionen für Großeltern

Glaubenszweifel angesichts von Sterben und Tod

Auf dem Marktplatz treffe ich eine Frau um die sechzig Jahre. Sie spricht mich von sich aus an. »Kann ich mal mit Ihnen reden? Je älter ich nämlich werde, desto mehr Glaubenszweifel habe ich. Mein Mann ist seit zwei Jahren schwer krank. Meine Mutter kürzlich überraschend gestorben. Mein Leben besteht nur noch aus Sorge und aus Not. Und ich weiß auch gar nicht mehr, ob es ein Weiterleben nach dem Tode gibt – noch nie habe ich so intensiv daran gezweifelt wie jetzt. Dabei habe ich geglaubt, dass mein Glaube stärker wird, wenn ich älter werde. Es ist für mich schwer, dass ich in meinem Alter solche Glaubenskrisen habe. Früher war dies alles für mich viel einfacher.«

Es entwickelt sich ein längeres Gespräch und ich frage sie, wie sie sich denn das Leben nach dem Tode vorstellt. »Bisher glaubte ich immer, dass ich aus dem Grab wieder herauskomme, am Jüngsten Tage.« Ich sage ihr, dass ich es so für mich nicht glauben kann. Ich glaube vielmehr, dass in der Stunde meines Todes ich meinen dann nicht mehr funktionierenden Körper verlasse und in geistiger Dimension mit Gott vereint weiterexistiere – außerhalb von Raum und Zeit. Ich habe überhaupt kein Interesse, im Totenhemd wieder aus dem Grab herauszukommen, meine Gebeine zu sammeln und mit diesem Körper, der dann ja, malträtiert durch Krankheit oder Alter, zu Tode gekommen ist, weiterexistieren zu müssen.

Gerade auch für ältere Menschen ist es wichtig, ihre eigenen, oft aus der frühen Kindheit vorhandenen mechanischen Gottesvorstellungen weiterzuentwickeln. Meine Nahtoderfahrung hat mir dazu beeindruckende neue Einsichten erschlossen.

Meine Nahtoderfahrung

Ich verabschiedete mich 2010 im März von meinem Lehrstuhlteam an der Universität in Tübingen. »Ich gehe jetzt in die Klinik und lasse mich kurz reparieren. In einer Woche bin ich wieder da.« Zurückgekehrt bin ich dann tatsächlich erst nach beinahe drei Monaten.

Eine Leistenbruchoperation und die Operation eines Blasendivertikels – alles harmlos, aber der Arzt empfahl mir dringend, es jetzt noch in jüngerem Alter machen zu lassen, damit sich später keine Probleme ergeben. Zwei Tage nach der Operation kommt zu schweren Komplikationen: Darmlähmung, Magensaft in die Lunge, Aspirative Pneumonie, septischer Schock, aufgeplatzter Bauch – viele können dies alles nicht überleben. Ich weiß noch, wie mir der Stationsarzt erklärte: Wir schaffen es nicht. Wir müssen auf die Intensivstation des Klinikums. Sie schieben mich aus meinem Zimmer über lange Flure und ich sehe die Wände und die Decken im Licht mitten in der Nacht. Ich sage noch: »Bitte rufen Sie meine Frau an!« Später erzählt mir meine Frau, dass sie nachts um 0:30 Uhr angerufen haben: Wir haben Ihren Mann auf die Intensivstation gebracht. Sie können morgen früh anrufen, wie es weitergegangen ist. Noch in der Nacht reiste einer unserer Söhne an, damit meine Frau nicht alleine ist.

Ich wurde elf Tage ins künstliche Koma versetzt und habe während dieser Zeit – ich weiß nicht, an welchem Tag und zu welcher Stunde – folgende Erfahrung gemacht: Ich saß auf einem Stuhl, vor mir war eine Radwalze links und rechts eingehängt. Sie drehte sich gegen mich. Sie war so groß, dass ich sie mit offener Hand knapp umfassen konnte, und ich habe immer dagegen gedreht. Sie hat sich weiter gegen mich gedreht. Ich drehte und drehte – erschöpft, schwitzend –, bis ich nicht mehr konnte. Dies ging eine Zeit lang und dann sagte eine Stimme zu mir: »Jetzt ist es so weit. Jetzt bist ja gleich im Himmel. Daraufhin hast du doch so oft hin gepredigt.«

Dann entstand geradezu explosionsartig ein helles Glück. Ein Glück, das ich auf dieser Welt noch nie erlebt habe. Und ich habe viel Glück auf dieser Welt erlebt. Dieses Glück dauerte sehr, sehr lange. Und ich wurde so richtig »spitzbübisch« neugierig: Jetzt sehe ich gleich Gott. Noch ein Millimeter, dann sehe ich gleich Gott. So ging es ziemlich lange. Glück pur. Neugierde auf den Gott.

Aber dann sagte die Stimme: »Schade um deine Frau.« Dann brach dieses Glück in sich zusammen und ich musste wieder in meinen lädierten Körper zurückkehren. Nachdem ich am elften Tag aus dem Koma Schritt für Schritt zurückgeholt wurde, sagte ich als Erstes – so erzählt es mir später meine Frau –, »die Osterpredigt kann ich aber dieses Jahr nicht halten ...«

Immer wieder drängte sich mir dann dieser Bewusstseinszustand, diese Nahtoderfahrung auf. Als ich versucht habe, darüber zu sprechen, kamen mir immer die Tränen während der Erzählung. Ich war innerlich so was von attackiert und angerührt, wie ich dies noch nie erlebt hatte. Gott habe ich nicht »gesehen«. Aber plötzlich entstand ein geradezu explosives Glück. Ich verlor den Kontakt zu meinem Körper. Mein Körper spielte keine Rolle mehr. Es war nur noch dieses explosive Glück.

Seit Langem wollte ich meinen Leistenbruch operieren lassen. Auf dem Rückweg von der lateinamerikanischen Bischofsversammlung in Aparecida – wo ich als »Journalist« war –, in jener Nacht im Flugzeug von Sao Paulo nach Frankfurt bemerkte ich deutliche Beschwerden. Und ich habe noch einige Jahre gewartet, bis ich mich operieren ließ. Der Arzt sagte, dann machen wir das unkomplizierte Blasendivertikel auch gleich mit, wenn wir schon operieren.

Ein Gottesbeweis ist meine Nahtoderfahrung nicht

Gott habe ich nicht anders als bisher »gesehen«. Aber was sich völlig verändert hat: In diesen Sog des nach vorne ziehenden großen Glückes zu geraten, ist ein außerordentlicher Bewusstseinszustand, den ich bisher noch nie erlebt hatte und nur aus Büchern kannte. Als Theologe bin ich aus Gründen der eigenen theologischen Selbstkritik sehr vorsichtig, solche Bewusstseinszustände hochzuspielen, etwa um mit Menschen, die nicht an ein Leben nach dem Tode glauben, besser argumentieren zu können. Ein Gottesbeweis sind Nahtoderfahrungen nicht.[17] Und dennoch: Diese Erfahrung hat mich komplett irritiert, meine Selbstwahrnehmung von Leben und Sterben auf den Kopf gestellt.

Meine Angst vor dem Tod ist komplett verschwunden, hat sich einfach verflüchtigt. Ich hatte mich schon gelöst von meinem malträtierten Körper. Es entstand ein Gefühl der Trauer, als ich wieder in diesen todkranken Körper zurückkehren musste. Als mir nach zwei Jahren eine Nachuntersuchung empfohlen wurde und ich just auf jenen Arzt in der MRT-Abteilung stieß, der in jener Nacht meines Überlebenskampfes ebenfalls die Untersuchung geleitet hatte, fragte mich dieser erstaunt: »Sind Sie dieser Herr Biesinger? Ich war damals dabei, als wir in der Aufnahme gesehen haben, wie das

Kontrastmittel in ihren Bauchraum ausgelaufen ist.« Dieser Arzt konnte sich überhaupt nicht vorstellen, dass ich nach diesem damaligen medizinischen Zwischenfall überhaupt noch leben könnte. Große Freude bei ihm und erneute Überraschung bei mir ...

Theologisch reflektiert, gehe ich davon aus, dass offensichtlich meine Aufgabe auf dieser Welt in jenem März 2010 noch nicht zu Ende gebracht war und ich deswegen auch zurückzukehren hatte. Der Auftrag der Stimme: »Schade um deine Frau« ist von mir als Aufgabe verstanden bis heute – natürlich nicht nur für meine Frau, sondern auch für andere Menschen.

Einer meiner damaligen Studierenden in der Vorlesung, in der ich nach meiner Rückkunft aus der Reha den Studierenden offengelegt habe, was mit mir passiert war, war schon Journalist. Er hat sofort darüber berichtet – damit entstand eine Dynamik medialer Kommunikation. Zunächst war ich skeptisch, ob ich in den Medien so offen über eine so intime spirituelle Situation überhaupt reden soll. Aber nach den ersten Reaktionen von zum Teil mir ganz fremden Menschen, die mich oft sogar auf der Straße angesprochen haben, bin ich überzeugt, dass es richtig war, offen zu reden.

Natürlich habe ich reflektiert, dass sich ja alles (noch) in meinem Gehirn abspielte. Sauerstoffmangel, »Botenstoffe«, chemische Prozesse verschiedenster Art können solche »Halluzinationen« auslösen. Sauerstoffmangel aber war bei mir nachweisbar schon mal nicht gegeben. Gibt es nach dem körperlichen Tod weiterbestehendes Bewusstsein? Was ist mir in dem sich abzeichnenden Sterbeprozess wirklich widerfahren?

Dass alles über mein Gehirn lief, ist logisch. Ich könnte heute darüber ja doch sonst nicht berichten. Sterben ist für das Gehirn ein Feuerwerk an Herausforderung. Pim van Lommel ist ein seriöser Mediziner (Kardiologe), der sich kompetent mit Nahtoderfahrungen auseinandergesetzt hat und weiter darüber arbeitet.[18] Es ist immer wieder gerade auch von älteren Menschen zu Recht gefragt worden, warum die kirchliche Verkündigung die Frage nach dem konkreten Übergang in Sterben und Tod und der Frage, was danach zu erwarten ist, nicht genügend in den Blick nehme.

Aber warum gerade solche Bilder?

Ein noch jüngerer Mann sagte: »Ich habe dies auch schon erlebt. Aber ich getraue mir nicht, mit meiner Frau darüber zu sprechen, weil sie sonst denkt, ich gehöre in die Psychiatrie.« Eine Frau: »Meine Mutter hat mir etwas ganz Ähnliches erzählt und ich habe ihr nicht geglaubt. Es ist gut, dass mal ein Theologieprofessor offen darüber redet.«

Darüber zu schweigen, würde ich heute nach diesen vielen, vielen Gesprächen und Rückmeldungen und auch kritischen Anfragen von besorgten Menschen für falsch halten. Immerhin geht es im Kern unseres christlichen Glaubens um Sterben, Tod und Auferweckung. Und es geht auch darum, genau diese Lebensprozesse nicht zu tabuisieren, sondern sie möglichst transparent

– hoch sensibel zwar, aber doch authentisch – zu kommunizieren.

In der Zwischenzeit bin ich oft am Bett von Sterbenden gesessen. Ich habe – wenn es stimmig war – davon erzählt: Warte ab, bald wirst du ein großes Licht sehen. Und das, was du gerade erlebst, wird nicht mehr bedeutsam sein. Eine Frau Mitte 50 bat mich, zu ihr zu kommen und mit ihr über ihre Beerdigung zu sprechen, die ich dann auch liturgisch leiten solle. Auch für sie war es hilfreich, dass ich authentisch von innen heraus mit ihr über meine Nahtoderfahrung sprechen konnte. Ihr überraschter lächelnder Blick hat sich mir tief eingeprägt. Wenig später habe ich ihre Beerdigungsliturgie geleitet und gepredigt. Ich war mir ganz sicher, dass sie in der Zwischenzeit ihre ganz eigene Erfahrung ähnlich machen konnte. Für die spirituelle Begleitung in Krankheit, Sterben und Todesphasen will ich diese Erfahrungen nicht ausgrenzen. Aber es ist eben auch nicht sinnvoll, sie Menschen »aufzudrücken«. Stimmig darüber zu kommunizieren, ist auf jeden Fall sinnvoll.

Indem ich diese konkrete Nahtoderfahrung mit meinem Glauben an die Auferweckung aus dem Tod in Verbindung bringe, stelle ich mir aufgrund dieses Bewusstseinszustandes vor, dass Gott mich ruft, diesen meinen dann endgültig nicht mehr funktionierenden und physiologisch nicht mehr organisierbaren Körper zu verlassen und nach vorne weiterzugehen. ER wird mir mit diesem Sog des großen Glückes entgegenkommen. Dies ist aufgrund dieser Erfahrung umso mehr meine Hoffnung. Aber diese Begegnung mit Gott jenseits dieser Grenze, vor der ich ja nach diesem meinem Bewusstseinszustand millimeterweise gestanden habe, ist mir ja auch bis heute nicht zugänglich. Und von daher gesehen darf man diese Erfahrung auch nicht überstrapazieren.

Gott ist Gott und er wird mir dann auf seine Weise begegnen. Und es kann auch sein, dass ich dann mit ihm auch noch ganz andere und komplexere Erfahrungen mache als in diesem großen Sog explodierenden Glückes. Das Gericht Gottes habe ich ja auch noch nicht erlebt ...

Umgekehrt kann es sein, dass es genau das ist: ewiges Licht leuchte dir, Paradies. Möglicherweise ist dieser Bewusstseinszustand, den ich – heute bin ich dankbar für diese Erfahrung – erleben konnte, ein Hinweis für das, was uns bevorsteht, wenn wir diesen dann sterbenden und am Schluss toten Körper verlassen und uns in die Arme Gottes fallen lassen.

Vor einigen Jahren war ich mit dem heutigen orthodoxen Bischof Pater Maximos mehrere Tage auf dem Berg Athos. Wir wollten die dort gehütete Tradition des »Jesusgebetes« intensiver verstehen lernen und Anleitung von einem erfahrenen Mönch bekommen. Dies wurde zu einer tiefgreifenden Erfahrung. Am letzten Abend konnten wir kurz mit dem Abt des Klosters sprechen. Er war alt und sehr weise. Er sagte uns: »Meine Schwangerschaft hier auf dieser Erde für das ewige Leben ist bald vorbei. Bald werde ich bei Gott sein.«

Wenn Sterben und Tod als »Schwangerschaft für das ewige Leben« zu verstehen ist, dann war ich mit dieser meiner Nahtoderfahrung schon in einer späten Phase meiner eigenen Schwangerschaft für das ewige Leben. Ich bin hoch gespannt, wie es dann in der endgültigen Stunde X sein wird, wenn der Weg über diese Grenze, wenn der Sog in das große Glück nicht gestoppt wird, sondern ich die Erfahrung wie in den Psalmen machen kann: »Als es mir eng wurde, hast du es mir weit gemacht« (Psalm 4).

Seit ich die Nahtoderfahrung gemacht habe, will ich dieses explosive Glück unbedingt wieder erleben. Deswegen hat für mich auch der Tod seinen Schrecken verloren. Den Prozess des Sterbens will und kann ich aber gerade nicht verniedlichen. Sterben kann sehr schwer sein. Zu oft bin ich an der Seite von Menschen, die im Sterben waren und deren letzte Atemzüge ich direkt miterlebt habe. Kurz zuvor oft ein Lächeln ...

Christen reden oft darüber, wie schön es im Paradies ist – aber keiner will hin. Die uns gegebene Lebenszeit intensiv zu leben – im Auf und Ab – ist die eine Aufgabe. Unser Leben aber wieder dem zurückzugeben, von dem es herkommt, ist Gabe und Aufgabe zugleich. Ich jedenfalls will dieses große Glück, das mir bereits begegnet ist, hoffentlich wieder und dann für immer erleben.

Ausblick

Der Abschlussbericht der vieldiskutierten Familiensynode in Rom 2015 formuliert im Art. 89: »Von großer Hilfe ist die Familienkatechese, als wirksame Methode, um die jungen Eltern auszubilden ...«[19] Aber es geht nicht nur um die jungen Eltern, sondern eben auch um die Großeltern.

Wichtiges Basiswissen für Großeltern ist die Erkenntnis, dass es bei der religiösen Erziehung in Familien auf die Qualität der Beziehung und die Familiendynamik in den konkreten Einzelsituationen ankommt. Der evangelische Religionspädagoge Friedrich Schweitzer bringt es so auf den Punkt: »Es genügt nicht, einfach pauschal nach Großeltern als religiösen Erziehern zu fragen. Wissenschaftlich aufschlussreich ist vielmehr, welche Großeltern unter welchen beziehungskonstellativen Voraussetzungen welche – positiven oder negativen – Wirkungen erzeugen können.«[20] Umso mehr ist es unerlässlich, in einem zweiten Teil dieses Buches danach zu fragen, welches psychologisch gesicherte Basiswissen es für die Beziehungsqualitäten gibt.

Dass dieser von meiner Schwiegertochter Julia Biesinger als Mutter von dreien meiner Enkelkinder im Schulalter geschrieben wird, hat den Vorteil, dass sie, gut vernetzt mit anderen jungen Eltern, aus der eigenen Lebenssituation heraus einfühlsam reflektieren kann.

JULIA BIESINGER

Ermutigungen aus der Psychologie

Durch offene und positive Kommunikation
drei Generationen verbinden

Einander zugewandt sein

Als junge Eltern befindet man sich in einer ganz neuen Situation. Kinder stellen einen vor neue Herausforderungen – man muss sein Leben ganz neu gestalten. Dies bringt viele Unsicherheiten mit sich, die, wie ich denke, in der heutigen Zeit noch viel größer sind, da es unglaublich viele, oft auch unterschiedliche Expertenmeinungen zu allen möglichen Erziehungsthemen wie Pflege, Ernährung, Förderung usw. gibt. Häufig wird man schon nach der Geburt mit unterschiedlichen Tipps konfrontiert und man muss als Eltern erst selbst ein Gespür dafür entwickeln, was das richtige für sein Kind ist, und in die Mutter- oder Vaterrolle hineinwachsen. Gut tut es da, wenn man jemanden hat, den man fragen kann: »Wie habt ihr das denn gemacht?« oder: »Was würdest du da tun?« Gerade die Großeltern können bei solchen Fragen erste Ansprechpartner sein. Auch bei der Frage, ob und wie man sein Kind religiös erziehen soll, können die Großeltern eine hilfreiche Rolle übernehmen.

Eine gelingende, offene und positive Kommunikation ist die Grundvoraussetzung, um eine vertrauens- und respektvolle Beziehung zwischen Eltern und Großeltern zu schaffen. Ein stabiles Füreinander und Miteinander wirkt sich positiv auf Enkel, Eltern und Großeltern aus.

Eine positive Kommunikation und Vertrauen zwischen Eltern und Großeltern ist jedoch leider nicht immer die Regel. Im Freundes- und Bekanntenkreis bekomme ich immer wieder mit, dass Beziehungen zwischen Eltern und Großeltern schlecht bzw. sehr angespannt sind oder es sogar zu einem Abbruch der Kommunikation und der Beziehung zwischen ihnen gekommen ist.

Aus diesem Grund beschäftigen wir uns in diesem Teil des Buches damit, wie wir die Beziehung und die Kommunikation zwischen Eltern und Großeltern in der Art positiv gestalten können, dass ein offener Austausch stattfinden kann. Wenn Eltern die Beziehung mit ihren Eltern positiv erleben, sind sie bereit, die Großeltern auch bei religiösen Fragen miteinzubeziehen. Grundsätzlich kann gesagt werden, dass durch Kommunikation miteinander und Respekt füreinander sich eine gelungene, vertrauensvolle Beziehung entwickeln kann, durch die jeder einen Zugewinn für sein Leben erfährt und neue Erfahrungen zwischen den drei Generationen möglich werden.

Dazu betrachten wir im ersten Kapitel die beiden Grundbausteine – Verbundenheit und Autonomie – genauer, die für eine gute Beziehung zwischen Eltern und Großeltern elementar sind. Im zweiten Kapitel geht es darum, wieso es wichtig ist, im gemeinsamen Miteinander die Selbstbestimmtheit und die Kompetenz des Einzelnen zu fördern und Druck zu vermeiden. Als Eltern und Großeltern begegnen wir uns als gegenseitige Gesprächspartner. Deshalb sind Grundhaltungen, die sich vorteilhaft auf die Kommunikation auswirken, Inhalt des dritten Kapitels. Das vierte Kapitel beschreibt, wie wir kommunizieren und wie es zu Missverständnissen und Konflikten in der Kommunikation und damit in der Beziehung kommen kann. Wenn wir die möglichen Ursachen für eine problematische Kommunikation kennen und erkennen, können wir gegenlenken und ihnen entgegenwirken. Um einen solchen positiven Veränderungsprozess anzustoßen, setzen wir uns im fünften und sechsten Kapitel damit auseinander, wie wir unsere Kommunikation miteinander verbessern bzw. wie wir problematische Kommunikationsmuster und damit Konflikte vermeiden können. Im fünften Kapitel steht dabei im Mittelpunkt, wie wir an uns selbst arbeiten können, um uns selbst genauer zu verstehen, und wie wir auf diese Weise positiv auf die Kommunikation einwirken können. Im sechsten Kapitel werden konkrete Gesprächstechniken beschrieben und im siebten Kapitel die Kerngedanken noch einmal zusammengefasst.

1. Verbundenheit und Autonomie

Balance finden zwischen Unterstützung und Einmischung
Großeltern haben die Phase des Elternseins schon erlebt und möchten vielleicht gerne ihr Wissen, ihre Erfahrungen und ihre Tatkraft miteinbringen. Besteht bei den Eltern dafür auch die Bereitschaft, Tipps und Unterstützung anzunehmen?

Diese Frage zu beantworten, ist für viele Großeltern nicht so einfach. Sie ist einfacher zu klären, wenn Eltern und Großeltern einander zugewandt sind. Dabei spielen im Miteinander von Eltern und Großeltern Verbundenheit und Autonomie eine große Rolle und das angemessene Gleichgewicht zwischen beiden Seiten.

Verbundenheit aufbauen

Unter Verbundenheit versteht man die »Beziehungsqualität zwischen den Mitgliedern des Personensystems ›Familie‹«[21]. »Zwischen Beziehungsqualität und Verantwortungsübertragung besteht ein enger Zusammenhang. Je vertrauensvoller die Beziehung zwischen Eltern und Großeltern, desto eher und mehr Verantwortung wird den Großeltern überlassen. Misstrauen und schlechte Beziehungen führen zum Kontaktverbot zwischen Großeltern und Enkelkindern« (Rolf Oerter[22]).

Hohe Verbundenheit als Gewinn für Enkel, Eltern und Großeltern
Eine hohe Beziehungsqualität zwischen Eltern und Großeltern trägt also dazu bei, dass Eltern die Enkel den Großeltern anvertrauen und Enkel Zeit mit den Großeltern verbringen. Dies kann für die Enkel, Eltern und Großeltern in vielerlei Hinsicht ein großer Gewinn sein.

Hier einige Beispiele:
- Die Enkel sind in sicherer Obhut, während sie von den Großeltern betreut werden. Das kann für die Eltern eine große Entlastung sein. Eine hohe Verbundenheit zwischen Eltern und Großeltern fördert den Austausch und die Eltern können sich bei den Großeltern Hilfestellung und Unterstützung bei Erziehungsfragen holen. Mit der Unterstützung der Großeltern im Rücken, lassen sich viele problematische Situationen umgehen oder gelassener angehen.
- Dazu machen die Enkel mit den Großeltern neue und andere Erfahrungen als mit den Eltern – ihr Erfahrungsfeld erweitert sich[23].
- Wenn die Großeltern die eigenen Großeltern kannten, können sie fünf Generationen miteinander verbinden und den Enkeln einen tieferen Zugang zur Familiengeschichte ermöglichen[24]. Außerdem

bekommen die Enkel durch den Kontakt mit einer anderen Generation Einblicke in unterschiedliche Lebensabschnitte und erfahren von den Großeltern, wie es früher war[25]. Das bedeutet, dass sie sowohl andere Lebensabschnitte und Lebensverhältnisse kennenlernen als auch einen Zugang zu geschichtlichen Ereignissen bekommen, die vor ihrer Zeit liegen.
- Die Großeltern wiederum profitieren vom Kontakt zu den Enkelkindern. Beispielsweise können gemeinsame Aktivitäten alte Interessen wieder aufleben lassen[26]. Häufig erzählen Großeltern, dass sie sich durch den Umgang mit den Enkeln wieder jünger fühlen. Großeltern wird durch die Enkel das Gefühl des Gefordert- und Gebrauchtseins vermittelt.

Oft hört man von Großeltern, wie intensiv sie die Zeit mit den Enkeln erleben und sie genießen, da sie mehr Zeit für die Enkel direkt haben, als sie es in den jungen Jahren mit ihren eigenen Kindern hatten. Damals waren sie mehr mit der eigenen Situation beschäftigt. Heute können sie die Erziehung der Enkel aus einer gewissen Distanz wahrnehmen und sind meist nur peripher darin involviert. Alle drei Generationen lernen dann voneinander.

Wenn jedoch der Kontakt zwischen Eltern und Großeltern sehr konfliktbehaftet ist, kann die Eltern-Großeltern-Beziehung zu einer großen Zusatzbelastung werden. Es ist daher wesentlich zu versuchen, in unseren Familien gegenseitig eine hohe Verbundenheit aufzubauen. Dies wird vor allem dadurch beeinflusst, wie wir einander sehen und wie wir miteinander umgehen. Eine gute Verbundenheit hängt daher in erster Linie mit unserer Kommunikation zusammen.

Autonomie zugestehen

Wichtig ist neben der Verbundenheit die Frage der Autonomie[27]. Autonomie bedeutet, dass eine Person selbstständig, unabhängig und selbstbestimmt handelt. Wenn wir einer Person Autonomie zugestehen, respektieren wir, dass sie selbstständig, unabhängig und selbstbestimmt entscheidet, was sie tut.

Eltern begleiten ihr Kind durch das Leben. Als Baby braucht das Kind am meisten Unterstützung und Pflege. Doch die benötigte Unterstützung wird weniger, je älter es wird. Es gewinnt immer mehr an Autonomie und übernimmt als Erwachsener schließlich vollständig die Verantwortung für sein Handeln und für sein Leben. In gleicher Weise werden die Eltern dem Kind auch immer mehr an Autonomie zugestehen.

Das Gleichgewicht zwischen Verbundenheit und Autonomie muss sich immer wieder neu einspielen. Dabei können aber auch Konflikte auftreten, die das Finden eines neuen Gleichgewichts erforderlich machen[28]. Eine solche Situation tritt ein, wenn das Kind der Eltern nun selbst als Erwachsener, als Mutter oder Vater, eine neue Familie gründet. Da es sich jetzt nicht mehr nur als Kind, sondern in seiner neuen Rolle auch als Mutter oder Vater sieht, führt dies bei ihm zu einer natürlichen Tendenz, sich von seinen Eltern und der Herkunftsfamilie abzugrenzen[29]. Gerade dann sollten die Eltern, die nunmehr auch ihre Rolle als Großeltern wahrnehmen, es ihrem Kind ermöglichen, sich in seiner Elternrolle und seiner eigenen Kompetenz entwickeln zu können. D. h. die bisher zugestandene Autonomie darf nun nicht wieder eingeschränkt werden, indem man als Großeltern wieder in seine alte Elternrolle zurückfällt, sondern Unterstützung und Ratschläge an die Eltern können die neuen Eltern in ihrer eigenen Autonomie begleiten, stärken und fördern.

Als Großeltern Balance finden
Es muss in der Rolle als Großeltern also erst eine Balance gefunden werden, dem eigenen Kind in seiner Elternrolle zwar Unterstützung anzubieten, sich aber auch nicht zu sehr in dessen Familienleben einzumischen[30]. In der Studie von Breheny, Stephens & Spilsbury wurde herausgefunden, dass Großeltern versuchen sollten, dahingehend ein Gleichgewicht herzustellen, Unterstützung zu bieten und sich gleichzeitig nicht in die Kindererziehung einzumischen. Unterstützung hieß in Augen der Großeltern, »für die Enkelkinder da zu sein« (z. B. in Form von Kinderbetreuung oder in finanzieller Hinsicht). Einmischung wird in ihren Au-

gen dann empfunden, wenn die Autorität der Eltern überschritten wird, den Eltern unerbetene Ratschläge gegeben werden, die Eltern kritisiert werden oder den Eltern die eigenen Meinungen darüber aufgezwungen werden, wie man sich als Eltern zu verhalten hat.

In diesem Spannungsverhältnis zwischen Unterstützung und Einmischung versuchen sie, ein angemessenes Maß an Interaktion (im Sinne von gegenseitiger Beeinflussung und der Veränderung, die damit einhergeht) mit dem Kind zu wählen und nicht zu sehr in das Leben der Familie und die Familienkonflikte einzugreifen. Sie versuchen zu akzeptieren, dass die Eltern ihre Kinder in Übereinstimmung mit ihren eigenen Werten erziehen.[31]

Als Eltern Balance finden

Die Frage, Autonomie zuzugestehen, ergibt sich dabei in beide Richtungen. Großeltern haben wie Eltern ihr eigenes Leben mit den jeweiligen Aufgaben sowie ihre zu respektierenden individuellen körperlichen und psychischen Grenzen. So wie die Großeltern die Autonomie der Eltern beachten und fördern sollten, so müssen auch die Eltern den Großeltern Autonomie gewähren. Manchmal gibt es Situationen, gerade wenn beide Elternteile arbeiten, mit einem großen Bedarf an Kinderbetreuung. Wichtig ist, dass Eltern und Großeltern gemeinsam darüber nachdenken, wie »belastungsfähig« die Großeltern sind, in welchem Umfang sie sich die Kinderbetreuung vorstellen könnten und sich dabei auch wohlfühlen oder welche alternativen Möglichkeiten es gibt.

Weiter wird in der Studie von Breheny, Stephens & Spilsbury klar, dass es sowohl vonseiten der Familie als auch vonseiten der Gesellschaft große Erwartungen an die Großelternrolle gibt. So berichten einige Großeltern, dass sie Schwierigkeiten damit haben, es abzulehnen, wenn sie die Eltern um Kinderbetreuung bitten.[32] Als Großeltern Unterstützung anzubieten, wird meist als selbstverständlich und als Pflicht erachtet[33]. Teilweise sind Großeltern hierbei selbst überfordert und stoßen an ihre Grenzen[34]. Das bedeutet, dass auch die Eltern in ihrer neuen Rolle ein Gleichgewicht brauchen zwischen Unterstützung von den Großeltern anzunehmen und Unterstützung von ihnen zu fordern und sich dadurch in deren Leben einzumischen.

Lernen Autonomie abzugeben

In den späteren Jahren kann sich die Beziehung zwischen Eltern und Großeltern erneut ändern, wenn sich beispielsweise mit dem Älterwerden der Großeltern Krankheiten oder sonstige körperliche oder geistige Einschränkungen einstellen und es damit zu einem Rollenwechsel kommt. Großeltern werden dann damit konfrontiert, Autonomie abgeben zu müssen, wenn sie beispielweise nicht mehr alleine essen können und gefüttert werden müssen. Übernehmen ihre Kinder die Pflege der Großeltern, werden sie mit Situationen konfrontiert, in denen sie entscheiden müssen, wie viel Autonomie sie ihren Eltern noch gewähren können oder ab wann ein Punkt erreicht ist, an dem die Großeltern besser unterstützt und in ihrer Autonomie eingeschränkt werden (z. B. bei einer selbstständigen Medikamenteneinnahme).

Hilfreich wäre es, sich als Großeltern mit den erwachsenen Kindern schon frühzeitig zusammenzusetzen und gemeinsam zu überlegen, wie sich die Großeltern ein Älterwerden vorstellen und wie ihre Kinder am besten mit eventuell schwierigen Situationen umgehen. Für beide entsteht dadurch ein großer Vorteil: Die Großeltern können ihre Vorstellungen äußern für den Fall, dass sie später beispielsweise durch eine Demenz dazu nicht mehr in der Lage sind. Die erwachsenen Kinder stehen damit später nicht in Situationen, in denen sie »erraten« müssen, wie es sich ihre Eltern vorgestellt hätten, sondern haben dann eine genaue Orientierung vor Augen. Mehr Anregungen zu einem vorausschauenden Älterwerden finden Sie in Albert Biesinger, »Die Kunst des Älterwerdens«[35].

Zusammenfassung

Besonders in neuen Lebensabschnitten kann es erforderlich sein, dass wir in der Familie ein neues Gleichgewicht zwischen Verbundenheit und Autonomie finden müssen. Wichtig ist, dass beide Seiten ihre Erwartungen und Bedürfnisse kommunizieren, d. h. dass sowohl Eltern als auch Großeltern äußern, wie viel Unterstützung sie gerne hätten bzw. geben wollen und können, und wie viel Freiraum sie als Großeltern oder Eltern brauchen. In späteren Jahren kann es sein, dass wir lernen müssen, Autonomie abzugeben. Wichtig ist, dass wir in allen Lebensphasen versuchen, unsere gegenseitige Verbundenheit nicht zu verlieren, sondern sie zu stärken und zu fördern.

2. Autonomie und Kompetenz fördern statt Druck aufbauen

In diesem Kapitel betrachten wir, welche Grundbedürfnisse wir als Mensch haben und wieso es wichtig ist, uns einander ohne Druck zu begegnen. Stattdessen ist es angebracht, die Autonomie und das Kompetenzerleben unseres Gegenübers zu fördern.

Autonomie, Kompetenz und soziale Zugehörigkeit als Grundbedürfnisse

Nach der Selbstbestimmungstheorie von Deci und Ryan haben wir als Mensch drei Grundbedürfnisse:
- das Bedürfnis nach Autonomie, nach dem wir uns selbstbestimmt erleben wollen,
- das Bedürfnis nach Kompetenz, nach dem wir uns effektiv mit unserer Umwelt auseinandersetzen wollen und
- das Bedürfnis nach sozialer Zugehörigkeit, nach dem wir uns mit anderen Personen in unserem sozialen Umfeld verbunden fühlen wollen.[36]

Wenn wir dabei auf das letzte Kapitel zurückblicken, wird uns noch einmal klar, wieso es ein natürliches Spannungsfeld zwischen Autonomie und Verbundenheit gibt. In uns liegt ein grundlegendes Bedürfnis, uns mit unserer Familie verbunden fühlen zu wollen. Gleichzeitig wollen wir uns autonom erleben und selbstbestimmt handeln.

Wenn das Autonomie- und Kompetenzerleben eingeschränkt wird

Wir führen eine Handlung aus freien Stücken aus, wenn sie unseren eigenen Wünschen und Zielen entspricht. Dann ist der Grad an Autonomie bzw. an Selbstbestimmung hoch. Im anderen Fall erleben wir hingegen Handlungen als aufgezwungen. In diesem Fall ist der Grad an Selbstbestimmung gering und die Kontrolliertheit ist hoch.[37]

Wenn wir fühlen, dass unser Verhalten kontrolliert bzw. gesteuert wird, so führen wir dieses Verhalten entweder unter Druck aus oder wir zeigen Widerstand, der in der Selbstbestimmungstheorie als Reaktanz ähnlich beschrieben wird[38].

Was ist Reaktanz?
Insbesondere in Situationen, in denen wir uns von außen, also von anderen, in unserer Freiheit eingeschränkt fühlen, entsteht in uns ein negatives Gefühl und die Tendenz und Motivation, dieser Verhaltenseinschränkung entgegenzuwirken. Dies wird *Reaktanz* genannt[39]. Man lehnt sich sozusagen im Inneren dagegen auf und zeigt Widerstand. D. h. je stärker wir empfinden, dass uns jemand in eine bestimmte Richtung beeinflussen will oder wir uns sogar zu etwas gezwungen fühlen, desto weniger sind wir gewillt, dem Wunsch des anderen zu entsprechen.

Die Reaktanz fällt also umso stärker aus, je stärker wir uns in unserer Verhaltens- oder Entscheidungsfreiheit eingeschränkt fühlen und je wichtiger uns die Verhaltens- oder Entscheidungsfreiheit ist[40]. Wenn wir Druck von außen spüren, also denken, dass jemand unsere Entscheidungs- oder Verhaltensfreiheit einschränken will, zeigen wir der Person gegenüber Widerstand oder wir ziehen uns zurück und beenden die Beziehung, um uns so dem Druck zu entziehen.

Passend erscheint in diesem Zusammenhang das Sprichwort: »Der Ton macht die Musik.« Es macht einen großen Unterschied, ob wir sagen: »Um Gottes willen, macht das auf gar keinen Fall so, wie ihr das macht. Ihr müsst das so machen!« oder ob wir sagen: »Wenn ihr wollt, könnt ihr ja mal das und das versuchen, das hat bei uns damals ganz gut geholfen.« Mit der ersten Aussage stellen wir die Kompetenz und die Autonomie unseres Gesprächspartners infrage, während wir mit der zweiten Aussage unserem Gesprächspartner unsere Informationen zwar bereitstellen, gleichzeitig aber seine Entscheidungsfreiheit betonen und seine Kompetenz und Autonomie respektieren. Wichtig ist, dass der andere heraushört, dass ein Ratschlag als wirkliche Unterstützung gemeint ist und nicht als Negativbewertung, Bevormundung oder Belehrung.

Konkretes Beispiel: Religiöse Erziehung

Wir betrachten den Fall, dass Eltern entscheiden, ihr Kind nicht religiös zu erziehen. Wenn die Großeltern diese Einstellung nicht tolerieren und akzeptieren, sondern immer mehr kritisieren, dann empfinden die Eltern großen Druck vonseiten der Großeltern, ihre Einstellung ändern zu müssen. Womöglich entwickeln sie außerdem das Gefühl, dass die Großeltern an ihrer Kompetenz zweifeln. Je größer Eltern den Druck wahrnehmen, desto eher werden sie auf ihrer Einstellung beharren. Sie wollen sich ihre Autonomie bewahren. Darüber hinaus werden sie wenig gewillt sein, darüber nachzudenken, inwieweit sie ihr Kind religiösem Einfluss aussetzen wollen. Ob es beispielsweise für sie denkbar wäre, dass, trotz ihrer Entscheidung, das Kind nicht religiös zu erziehen, die Großeltern das Kind begleiten, ohne ihr religiöses Leben im alltäglichen Leben vor dem Enkelkind »verstecken« und sich »verstellen« zu müssen.

Auf diese Weise kann ein Kreislauf entstehen. Je mehr die Großeltern sehen, dass die Eltern in ihrer Einstellung »auf stur stellen« und sich nicht umstimmen lassen, desto mehr werden sie versuchen wollen, sie doch noch umzustimmen. Dies löst in Folge bei den Eltern noch mehr Reaktanz aus. Es könnte auch bei den Großeltern Reaktanz entstehen, beispielsweise wenn die Eltern durch den Druck der Großeltern vielleicht sogar ganz den Kontakt zum Enkelkind oder ihnen ihre religiösen Rituale im Beisein des Enkelkindes verbieten. Dann erleben die Großeltern eine Freiheiteinschränkung und verhalten sich ihrerseits reaktant.

In der gemeinsamen Kommunikation beeinflussen die Verhaltensweisen des einen die Verhaltensweisen des anderen. Wichtig ist es, einen Weg aus dieser negativen Reaktionsspirale herauszufinden. Wir werden später auf Möglichkeiten, Kommunikationen positiv zu gestalten und Konflikte zu vermeiden, genauer eingehen.

Autonomie und Kompetenzerleben fördern

Es ist also wichtig, seinem Gesprächspartner nicht mit Druck zu begegnen, sondern stattdessen zu versuchen, seine eigene Autonomie und seine Selbstbestimmtheit zu fördern. Auf diese Weise gibt man ihm die Möglichkeit, sich als kompetent zu erleben. Dies ist nicht möglich, wenn wir ihn in seiner Verhaltens- oder Entscheidungsfreiheit einengen.

Beispielsweise können die Großeltern versuchen, die

Einstellung der Eltern zu akzeptieren und zu tolerieren. Auf diese Weise geben sie den Eltern das Signal, dass sie in ihrer Autonomie und Kompetenz respektiert und geschätzt werden. Sie können den Eltern ihre Ansichten, Einstellungen, Beweggründe mitteilen, die für eine religiöse Erziehung sprechen, gleichzeitig aber versuchen, dies nicht kritisierend oder bevormundend, sondern stattdessen neutral als rein informative Mitteilung zu formulieren. Somit fördern und stärken sie die Entscheidungsfreiheit und Autonomie der Eltern.

Zusammenfassung
Um eine positive Beziehung zueinander aufzubauen, ist es wichtig, dass wir versuchen, die Einstellungen und Überzeugungen unseres Gesprächspartners zu tolerieren, zu respektieren und ihm nicht mit Druck zu begegnen, sondern seine Selbstbestimmung und sein Kompetenzerleben zu fördern.

3. Grundhaltungen, die sich förderlich auf unsere Kommunikation auswirken

Grundhaltungen, die sich positiv auf eine Kommunikation miteinander auswirken, fördern die Beziehung zu unserem Gesprächspartner und öffnen den Weg für weitere Kommunikationen.

Sich für ein positives Bild vom Gegenüber öffnen

Machen wir folgendes Gedankenexperiment: Wie erlebe ich jemanden, von dem ich merke, er geht auf eine positive Art und Weise mit mir um? Wie reagiere ich auf ihn, wie gehe ich auf denjenigen zu, wie finde ich denjenigen? Wie ergeht es mir im Gegensatz dazu, wenn mir ein Mensch auf negative Art und Weise begegnet?

Wenn wir merken, dass uns jemand negativ begegnet, gehen wir in eine Hab-Acht-Stellung und nehmen eine Verteidigungshaltung oder Angriffshaltung ein, um uns im Fall der Fälle selbst zu schützen, unsere Person mit unserem Selbstwert. Auch das, was unser Gesprächspartner sagt, nehmen wir auf ganz bestimmte Weise wahr. Durch unsere Befürchtung, er könnte sich uns gegenüber negativ äußern, nehmen wir negative Äußerungen verstärkt wahr, während wir positive Äußerungen eher überhören. Auch unsere Körpersprache ihm gegenüber kann sich verändern, ohne dass uns dies bewusst ist. Dies nennt man in der Psychologie die Tendenz zur selbsterfüllenden Prophezeiung. Wir beeinflussen durch unsere Erwartung und unser eigenes Verhalten unbewusst das, was wir erwarten.

Wenn wir jedoch bemerken, dass unser Gesprächspartner uns gegenüber positiv eingestellt ist, so öffnen wir uns und fühlen uns frei im Gespräch. Insbesondere, wenn wir wahrnehmen, dass wir uns in einem Gespräch befinden, in dem wir unserem Gegenüber auf Augenhöhe und ohne Vorurteile begegnen, hören wir interessiert und aufmerksam zu. Wir erzählen bereitwillig und gern, fühlen uns wohl und sind mehr dazu geneigt, vertrauensvolle Gespräche zu führen.

Unsere Grundhaltung nimmt auch unser Gesprächspartner wahr, durch das, was wir sagen, wie wir es sagen und wie unser Gesichtsausdruck oder unsere Körperhaltung ist – selbst wenn er es nur unterbewusst wahrnimmt oder es eine längere Zeit dauert, bis er es wahrnimmt. Genauso spielt seine Grundhaltung eine Rolle, inwieweit er bereit ist, sich im Gespräch zu öffnen und auf uns zuzugehen.

Es kann Situationen geben, in denen sich ein Gesprächspartner uns gegenüber negativ verhält oder äußert. Wenn wir ihm grundsätzlich positiv gegenüberstehen, so werden wir vermuten, dass sein Verhalten oder seine Äußerung seinerseits bestimmte Ursachen haben, die ihn so regieren lassen. In diesem Bewusstsein können wir ihm nachsichtig begegnen und werden nicht gleich jede negative Reaktion von ihm persönlich nehmen.

Viele von uns kennen Zeiten, in denen wir wegen irgendetwas sehr angespannt sind. Überforderung, Enttäuschung, Sorgen oder Stress in der Arbeit, in der Familie oder in der Beziehung, körperliche Belastungen oder ein Sich-vom-Gesprächspartner-missverstanden-Fühlen können beispielsweise der Grund sein. Dann kommt es vor, dass wir gereizt oder heftiger reagieren, als wir es sonst tun würden.

Eltern, die womöglich nachts nicht schlafen können, weil ihr Kind schreit, und sich tagsüber ständig Gedanken machen, wie sie es besser machen könnten, und nebenher noch berufstätig sind, reagieren in dieser Zeit vielleicht auch gereizter, als man sie sonst kennt. Wenn wir mit ihnen sprechen, haben wir dies im Hinterkopf und fassen daher ihre Gereiztheit nicht als eine negative Einstellung uns gegenüber auf, sondern können dies richtig einordnen.

Deshalb ist es hier immer sinnvoll, mit unserem Gesprächspartner darüber zu sprechen, bevor in uns ein falsches Bild entsteht.

Empathie

»Wie man in den Wald hineinschreit, so hallt es heraus ...« Empathie bedeutet, dass wir uns in unser Gegenüber einfühlen und versuchen, uns in seine Situation und seine Person hineinzuversetzen, um ihn wirklich und umfassend zu verstehen. D. h. wir streben an, seinen Standpunkt, seine Einstellung, seine Werte, seine Gefühle, seine Beweggründe, seine Reaktionen nachvollziehen, nachempfinden und begreifen zu können. Wenn wir merken, jemand macht sich Gedanken über uns, setzt sich mit uns auseinander und bringt uns gegenüber Verständnis mit, sind wir bereit, uns in dieser angenehmen Atmosphäre zu öffnen. Gerne treten wir mit ihm wieder ins Gespräch.

Empathie umfasst verschiedene Fähigkeiten und Prozesse: die Fähigkeit zur Perspektivenübernahme, ein emotionales Hineinversetzen und Nachfühlen, ein Hineindenken in die andere Person, aber auch ein Nachdenken über, ein Sichauseinandersetzen mit und ein Begreifen der anderen Person und Situation.

Empathie ist aber nicht nur als passive Grundhaltung, mit der wir andere Personen begegnen, zu verstehen, sondern auch als aktives empathisches Verhalten, mit dem wir auf andere Personen zugehen und aktiv mit ihnen kommunizieren.

Wie wirkt Empathie?
Empathie wirkt in zwei Richtungen: auf uns selbst und auf unseren Gesprächspartner. Hier ein paar exemplarische Auswirkungen auf der Gefühlsebene, der Denkebene und der Verhaltensebene:

Wirkung auf uns selbst:
- **Gefühlsebene**: Beispielsweise sind wir nicht mehr ärgerlich, wenn wir die Beweggründe unseres Gesprächspartners verstehen und nachvollziehen können.
- **Denkebene**: Wir können unser Gegenüber in seiner Situation besser verstehen, erkennen unsere Rolle im Beziehungssystem, können unser eigenes Verhalten, unsere Annahmen und Einstellungen gegenüber unserem Gesprächspartner in einem neuen, größeren Kontext durchleuchten und hinterfragen. Oft wird uns dann klar, dass viel mehr hinter unserer Kommunikationssituation steckt, als wir aus unserer eigenen Sichtweise beobachten – die Situation erweist sich als viel komplexer.
- **Verhaltensebene**: Wir ändern unsere Kommunikationsweise und lassen unseren Gesprächspartner erkennen, dass bei uns ein Bemühen und ein Wohlwollen ihm gegenüber vorhanden ist. Neue Verhaltensweisen können entstehen.

Wirkung auf unseren Gesprächspartner:
- **Gefühlsebene**: Unser Gesprächspartner fühlt sich angenommen und akzeptiert. Er spürt unser Interesse an dem, was ihn bewegt.
- **Denkebene**: Unser Gesprächspartner nimmt unsere empathische Haltung und unser empathisches Verhalten wahr.
- **Verhaltensebene**: Unser Gesprächspartner wird angeregt, ebenfalls empathisch und »mitmenschlich« zu handeln. Er kann sich öffnen und frei von sich erzählen.

Im gemeinsamen Gespräch erfahren wir und unser Gesprächspartner gegenseitig mehr über das innere Erleben, die inneren Bedürfnisse, die Vorstellungen und die Beweggründe des jeweils anderen, die wir nicht erfahren hätten, wenn wir ihm negativ gegenüber eingestellt gewesen wären.

Dadurch, dass unsere empathische Haltung auf uns und auf unseren Gesprächspartner Einfluss nimmt, wirkt sie auch auf unser Miteinander. Dadurch, dass eine intensive Auseinandersetzung miteinander stattfindet, kann auf beiden Seiten eine Erweiterung des Bewusstseins erfolgen. Mögliche Missverständnisse oder Konflikte werden auf diese Weise ausgeräumt.

Wir erkennen, dass Empathie eine Möglichkeit ist, Beziehungen zu fördern und zu stärken, aber auch eine Möglichkeit, Konflikte zu vermeiden oder dämpfend auf sie einzuwirken. Darauf werden wir später noch näher eingehen.

Die Bereitschaft zu Empathie
Neben der Fähigkeit, Empathie zu zeigen, spielt dafür vor allem die Bereitschaft, unserem Gesprächspartner gegenüber eine empathische Haltung einzunehmen, eine entscheidende Rolle. Unsere Bereitschaft kann abhängig sein von unserer Person, von der jeweiligen Situation und von der Beziehung zur anderen Person. So ist unsere Neigung, Empathie zu empfinden höher, wenn unser Gegenüber uns positive Gefühle oder Traurigkeit zeigt, als wenn er uns Wut oder Scham zeigt[41].

Welche Faktoren in uns verhindern Empathie?
Manchmal schafft man es einfach nicht, dem anderen gegenüber empathisch zu sein. Rosenberg, der Begründer der sogenannten *Gewaltfreien Kommunikation*, beschreibt, dass dies dann der Fall ist, wenn wir selbst innerlich zu angespannt sind und wir eigentlich selbst Empathie brauchen[42]. Angespannt sind wir z. B., wenn wir Sorgen haben, im Stress sind, unter Zeitdruck, wenn wir Angst haben, wenn wir uns ärgern, wenn wir frustriert sind usw.

Was können wir tun, wenn wir merken, dass es uns nicht möglich ist, empathisch zu sein oder uns nicht bereit fühlen, auf den anderen empathisch zuzugehen? Rosenberg nennt dabei unter anderem die Möglichkeit, unserem inneren Erleben genauer zuzuhören und so empathisch zu uns selbst zu sein[43].

Vielleicht erging es Ihnen auch schon so: Manchmal befinden wir uns in einer Gesprächssituation und stellen plötzlich fest, dass irgendetwas mit uns nicht stimmt: Wir reagieren gereizt, obwohl wir ganz genau wissen, dass der andere uns nur helfen will. Irgendwie können wir die Hilfe aber durch unsere innere Anspannung nicht in der Weise anerkennen, wie wir es gerne würden. In solchen Momenten ist es ganz gut, wenn wir uns erst darüber klar werden, was mit uns los ist, was in uns vorgeht, was uns so reagieren lässt.

Wenn man sich in einer Situation befindet, in der auch der Gesprächspartner wenig empathisch ist und er selbst angespannt ist, dann sieht Rosenberg die Möglichkeit, aus der Situation herauszugehen[44]. Wenn wir also merken, dass weder unser Gesprächspartner noch wir selbst dafür aufnahmefähig sind, was der jeweils andere sagt, und beide nicht in der Lage sind, Empathie für den anderen aufzubringen, können wir mit dem Verlassen der Situation verhindern, dass sich die Kommunikation noch weiter verschlechtert. Wichtig ist dann, dass jeder für sich herausfindet, was die Gründe für die innere Anspannung waren und weshalb eine empathische Kommunikation nicht möglich war. Das Gespräch sollte erst nach der Lösung der inneren Anspannung weitergeführt werden.

Welche Faktoren verhindern Empathie?
Neben den gerade gesehenen Faktoren, die je nach Situation in uns verhindern, auf andere empathisch zuzugehen, gibt es auch gesellschaftliche Faktoren, die uns abhalten, anderen gegenüber Empathie zu zeigen.

In der heutigen Zeit hat zum einen die Individualisierung, das Streben hin zu Autonomie und Selbstverwirklichung des Einzelnen, einen hohen Stellenwert. Viele wollen individuell, einzigartig und besonders sein, sich von anderen klar unterscheiden, das Leben selbstbestimmt führen. Andererseits kommt es in unserer Gesellschaft vornehmlich darauf an, dass man erfolgreich ist und ein hohes Ansehen genießt. Leistungsdruck begegnet uns z. B. in der Arbeit.

Wir müssen uns anderen gegenüber beweisen, Durchsetzungsvermögen zeigen und Karriere machen. Ständig vergleichen wir uns mit anderen. Leistungsdruck und Konkurrenzdenken beginnen oft schon in der Schule. Dort muss man cool sein, die neusten Handys haben und die angesagtesten Markenklamotten tragen. Selbst in der Freizeit erlebt man heutzutage »Freizeitstress«. Stress, den wir im Alltag erleben, tragen wir oft in unsere Beziehungen hinein und wirklich erfüllende Kontakte zu Freunden oder zu Familienmitgliedern bleiben meist auf einen engen Kreis beschränkt und müssen unserer gegenseitigen Angespanntheit standhalten oder können nicht weiter bestehen.

Ein gemeinsames Miteinander, ein wohlwollendes Aufeinander-Zugehen und Aufeinander-Achtgeben, bedeutet nicht, dass wir nicht individuell sind oder wir uns damit als Individuum aufgeben.

Und auch wenn wir uns anstrengen und unser Bestes geben, unsere Kompetenzen steigern, können wir gleichzeitig auch auf andere schauen und sie fordern, fördern und gemeinsam mit ihnen wachsen. Es ist also möglich, gleichzeitig kompetent, individuell und autonom zu sein und trotzdem uns in andere einzufühlen, versuchen, sie zu verstehen und ein Miteinander anzustreben. Dafür ist es wichtig, dass wir nicht nur anderen, sondern auch uns selbst gegenüber empathisch sind und auf uns selbst achtgeben, uns fordern, aber nicht überfordern, und in all dem möglichen Stress Inseln für uns schaffen, in denen wir selbst wieder Ruhe finden. Wenn wir selbst stabil und entspannt sind, können wir auf andere empathisch zugehen.

In einer ständig wetteifernden Gesellschaft, in der jeder vornehmlich auf sich selbst sieht und versucht, sich von anderen abzugrenzen, ist nicht viel Platz für Empathie. Versuchen wir aber ganz persönlich, ein Miteinander und nicht ein Gegeneinander zu zeigen und vorzuleben, machen wir auf diese Weise das gemeinsame Leben lebenswerter.

»Ein Desiderat ist die Überwindung einer allzu pointierten, sich selbst wichtig nehmenden Individualität, die den Aspekt des Getrenntseins, des Abgesondert- und des Besonderseins hat. In der Überwindung des kognitiven Stereotyps des Getrenntseins auf verschiedener weltanschaulicher Basis kann das Bewusstsein einer Geschwisterlichkeit aller Wesen, kann sich Toleranz und Güte entfalten« (Gunther Klosinski[45]).

Empathisch sein und sich trotzdem distanzieren
Empathisch zu sein bedeutet aber nicht, dass wir die Einstellungen, Werte, Erwartungen oder Ziele unseres Gesprächspartners teilen müssen. Wir können versuchen, sie nachzuvollziehen und zu begreifen. Gleichzeitig dürfen wir trotzdem Distanz dazu einnehmen. Empathisch zu sein bedeutet nicht, gleicher Meinung sein zu müssen. Es ist möglich, unserem Gesprächspartner mit Respekt, Toleranz und Akzeptanz zu begegnen, auch wenn wir einen anderen Standpunkt vertreten.

Toleranz und Akzeptanz

Andere Menschen können anders sein. Wenn wir tolerant sind, wissen wir, dass Menschen sich in ihrem Erleben, ihren Gefühlen, ihrem Denken, ihren Einstellungen, ihrem Verhalten, ihren Zielen, ihren Motiven von uns unterscheiden. Wenn wir tolerant sind, heißt das aber auch, dass wir damit umgehen und es akzeptieren. Wir treten ihnen aufgeschlossen gegenüber und nehmen sie so an, wie sie sind.

Toleranz umfasst aber auch, in dem Bewusstsein zu leben, dass wir alle ganz unterschiedlich geprägt sind, unterschiedlich aufgewachsen sind, unterschiedliche Erfahrungen gemacht haben, die Welt dadurch auch unterschiedlich wahrnehmen und sie unterschiedlich sehen.

Beispiel: Personen können unterschiedlich sein, z. B. in Bezug darauf, welche Werte ihnen wichtig sind, wie sehr sie Emotionen zeigen, wie feinfühlig sie sind, wie schnell sie sich aufregen, wie lange sie brauchen, Nähe zu einem Menschen aufzubauen, überhaupt Nähe zuzulassen usw. Wichtig ist in diesem Zusammenhang, dass wir nicht damit anfangen andere ändern zu wollen. Wenn wir merken, dass andere uns ändern wollen, dann werden wir darauf mit Widerstand reagieren, d. h. auf den gefühlten Druck, uns ändern zu müssen, werden wir mit Reaktanz begegnen. Wir erhalten von jemandem, der uns ändern will, indirekt das Signal: »Du bist so, wie du bist, nicht ok.«

Zusammenfassung

Zusammenfassend fördert es unsere Kommunikation, wenn wir unserem Gesprächspartner gegenüber eine positive Grundhaltung einnehmen, versuchen, ihm gegenüber, aber auch uns gegenüber empathisch zu sein, und ihm mit Toleranz, Akzeptanz und Respekt begegnen. Diese Grundhaltungen führen uns weg von einer negativen und kritischen Haltung dem anderen gegenüber, in der wir reserviert und gehemmt kommunizieren, hin zu einer Kommunikation, in der wir uns bewusst unserem Gesprächspartner gegenüber öffnen. In

Ja, ich bestelle gegen Rechnung

Expl.	Bestell-Nr.	Autor, Titel	€/Expl.
	50021	Antonella Napoli, Meriam	ca. 18,–
	50022	Rainer Haak, Gras unter meinen Füßen	ca. 16,95
	50030	Anna-Katharina Stahl, Du hast mich verzaubert – Postkartenbuch	ca. 16,95
	50029	Petra Fietzek, In der Stille des Morgens	ca. 10,–
	50012	Dietrich Bonhoeffer, Der Fastenzeitbegleiter	ca. 14,95
	50027	Thomas Plaßmann, Das glaub ich jetzt nicht!	ca. 9,99
	50017	Petra Altmann, Das Buch meines Lebens schreibe ich selbst	ca. 14,95
	50028	Albert Biesinger / Julia Biesinger, Wenn die Enkelkinder nach Gott fragen	ca. 14,95
	50023	Huub Oosterhuis, Im Anfang war die Hoffnung	ca. 12,95
	50031	Fernando Kardinal Filoni, Die Christen im Irak	ca. 19,95
	50020	Papst Franziskus, Für eine Wirtschaft, die nicht tötet	10,–
	50019	Richard Rohr, Paulus	ca. 12,–
		camino Geschenkhefte	
	50007	Pierre Stutz, Trauer	3,99
	50008	Roland Breitenbach / Stefan Philipps, Segen	3,99
	50009	Ute Elisabeth Mordhorst, Geburtstag	3,99
	50010	Christa Spilling-Nöker, Geburt	3,99
	50018	Pierre Stutz, Trost	3,99
	50024	Eva-Maria Leiber, Liebe	3,99

Datum, Unterschrift

Absender:
(bitte in Druckbuchstaben schreiben)

Vorname, Name

Straße, Hausnummer

PLZ, Ort

Unsere Lesetipps erhalten Sie in Ihrer
Buchhandlung vor Ort oder unter
www.caminobuch.de oder bei der
Versandbuchhandlung bibelwerk.impuls,
Tel. 0711/6 19 20-26 oder unter
www.bibelwerk-impuls.de

An meine Buchhandlung

Bitte
freimachen

einer grundsätzlich positiven Atmosphäre, in der wir uns auch mit der anderen Sicht der Dinge auseinandersetzen und damit bewirken, dass unser Gegenüber sich öffnet, können gemeinsam auch kritische Themen besprochen werden.

4. Kommunikation

In diesem Kapitel geht es darum, wie wir kommunizieren und auf welche Weise dabei Missverständnisse entstehen. Wir betrachten, wie sich negative Kommunikationsmuster herausbilden und stabilisieren. Das hilft uns, Verhaltensweisen, die sich negativ auf die Kommunikation auswirken, zu vermeiden und Konflikte auf diese Weise vorzeitig zu verhindern.

Viel Raum für Missverständnisse

Gerade wenn Personen aus verschiedenen Generationen mit ihren unterschiedlichen Lebenserfahrungen, Vorstellungen, Werten, Erwartungen, Meinungen und Ansichten aufeinandertreffen, ist es nicht immer einfach, eine gute Beziehung zueinander aufzubauen. Aber es ist eine gute Gelegenheit, voneinander zu lernen. In jeder Beziehung kann es zu Missverständnissen kommen. Sie entstehen meist dadurch, dass bestimmte Gefühle, Einstellungen, Bedürfnisse oder Erwartungen vorhanden sind, aber nicht kommuniziert werden.

Beispiel: Die Großeltern sind enttäuscht und langsam auch wütend, weil ihre Schwiegertochter immer abblockt, wenn sie sich um die Enkelkinder kümmern wollen. Sie denken, dass ihre Schwiegertochter bewusst eine gemeinsame Zeit mit den Enkelkindern verhindern will. Eine negative Einstellung gegenüber der

Schwiegertochter baut sich auf. Tatsächlich ist es aber so, dass die Schwiegertochter empfindet, ihre Kinder würden sich gerade immer sehr laut und wild verhalten, und hat Sorge, dass sie für die Großeltern eine zu große Belastung sein könnten.

Wie ist es möglich, unsere Kommunikation zu verbessern und zu vermeiden, dass Störungen in der Kommunikation und damit Störungen in der Beziehung entstehen? Dazu beschäftigen wir uns im Folgenden mit der menschlichen Kommunikation, um zu erkennen, an welchen Stellen (oder auch: wie) es zu Missverständnissen und Problemen kommen kann.

Wie kommunizieren wir?

Anderen Personen können wir uns durch die verbale Kommunikation, d. h. die Sprache, die Worte, die wir wählen, mitteilen. Wir drücken dabei das, was wir sagen, in unterschiedlicher Art und Weise aus, indem wir beispielsweise Lautstärke, Stimmlage und Tonfall verändern. Dies nennt man paraverbale Kommunikation. Außerdem steht uns unser ganzes nonverbales Verhalten, Gestik und Mimik, zur Verfügung, also Körperhaltung, Gesichtsausdruck, Körperdistanz. Aber auch körperliche Reaktionen, wie z. B. Zittern, Blasswerden, die willentlich nur indirekt zu beeinflussen sind, können das Gesagte verdeutlichen bzw. einen Hinweis darauf geben, wie es gemeint ist.

Beispiel: Unsere aktuelle Stimmung und unser aktuelles Befinden hat einen großen Einfluss darauf, wie wir etwas sagen. Stellen wir uns vor, wir sagen den Satz »Das hast du gut hinbekommen« in fröhlicher, wohlwollender Weise oder in einer traurigen Stimmung oder aber auf eine wütende und überhebliche Art. Verbal gesehen bleibt es derselbe Satz. Paraverbal ändern sich beispielsweise Lautstärke und Tonfall und auf der nonverbalen Ebene ändern sich z. B. Gesichtsausdruck und Körperhaltung. Je nachdem, in welcher Stimmung wir den Satz formulieren, legen wir eine andere Interpretation des Satzes nahe.

Explizite und implizite Mitteilungen

Wir können auf unterschiedliche Art und Weise kommunizieren. Wenn wir jemandem etwas direkt mitteilen, sodass dies für die Person klar und unmissverständlich erkennbar ist, dann handelt es sich um eine explizite Mitteilung. Wenn der Gesprächspartner sich jedoch die Nachricht erst erschließen muss und sie nur indirekt im Gesagten enthalten ist, dann ist es eine implizite Mitteilung. Sie ist mit eingeschlossen, jedoch nicht ausdrücklich kommuniziert.[46] Wir hören sie sozusagen zwischen den Zeilen heraus.

Bewusste und unbewusste Mitteilungen

Viele Dinge teilen wir unserem Gesprächspartner bewusst mit. Es kann aber auch sein, dass uns einiges stärker beschäftigt, als wir annehmen, und wir bestimmte Ansichten, Bedürfnisse oder Erwartungen in uns tragen, die wir noch gar nicht wahrgenommen haben. Diese schwingen sozusagen in unserer Mitteilung unbewusst mit. Unser Gesprächspartner kann diesen »Unterton« heraushören oder nicht. Wenn er uns diese Beobachtung mitteilt und wir darüber nachdenken, werden uns diese Dinge bewusst. Die Kommunikation hilft uns, Klarheit über uns selbst zu finden.

Das »Nachrichten-Quadrat«

Nach dem Kommunikationsmodell des Psychologen Friedemann Schulz von Thun, dem sogenannten »Nachrichten-Quadrat«[47], besteht eine Äußerung immer aus vier Aspekten, die wir explizit oder implizit – teils bewusst, teils unbewusst – unserem Gesprächspartner übermitteln: Sachinhalt, Selbstkundgabe, Beziehungshinweis, Appell. Diese sind in der Tabelle (siehe S. 108) auf der linken Seite dargestellt[48].

Entsprechend versucht unser Gesprächspartner (oder natürlich wir – je nachdem, wer gerade spricht und wer gerade zuhört), diese vier verschiedenen Aspekte oder Seiten unserer Nachricht zu identifizieren. Schulz von Thun beschreibt dies bildhaft damit, dass wir gemäß den vier Aspekten auch vier verschiedene »Ohren« haben, um diese Aspekte herauszuhören: Sach-Ohr, Selbstkundgabe-Ohr, Beziehungs-Ohr, Appell-Ohr. Diese sind in der Tabelle rechts dargestellt[49].

Den **Sachinhalt**	hören wir mit dem **Sach-Ohr**
Damit teilen wir unserem Gesprächspartner die sachlichen Informationen und Fakten mit.	Welche Informationen werden mir mitgeteilt?
Die **Selbstkundgabe**	hören wir mit dem **Selbstkundgabe-Ohr**
Mit der Selbstkundgabe vermitteln wir dem Gegenüber, wie wir uns selbst sehen, wie wir uns momentan fühlen.	Was gibt mein Gesprächspartner von sich selbst preis? Wie ist mein Gegenüber? Welche Stimmung, Einstellung usw. hat er?
Den **Beziehungshinweis**	hören wir mit dem **Beziehungs-Ohr**
Hier teilen wir mit, wie wir zu unserem Gesprächspartner stehen, wie wir die Beziehung zu ihm sehen.	Wie steht mein Gesprächspartner zu mir und zu unserer Beziehung?
Den **Appell**	hören wir mit dem **Appell-Ohr**
Mit dem Appell drücken wir aus, was wir von unserem Gegenüber erwarten, was wir von ihm wollen.	Welche Erwartungen stellt mein Gesprächspartner an mich? Was soll ich machen, denken oder fühlen?

Abb. 1: Die vier Seiten einer Nachricht nach Schulz von Thun[50]

Um dieses Kommunikationsmodell besser zu verstehen, betrachten wir die folgende Situation: Olivia sagt zu ihrem Opa: »Opa, der Tim kritzelt im Buch herum.«

Ist dieser Satz als Sachinhalt, als Selbstkundgabe, als Beziehungshinweis oder als Appell gemeint? Opa hat verschiedene Möglichkeiten, auf diese Aussage von Olivia zu reagieren. Dieses wird von Schulz von Thun als die »freie Auswahl des Empfängers«[51] bezeichnet:

Opa hört mit seinem Sach-Ohr und fragt Olivia: »Ist das sein Buch?« Er bezieht sich also auf den Sachinhalt und fragt weiter nach.

Opa hört mit seinem Selbstkundgabe-Ohr und fragt Olivia: »Das stört dich jetzt wohl sehr, Olivia?«

Opa hört mit seinem Beziehungs-Ohr und sagt zu Olivia: »Schön, dass du mir vertraust und mir das sagst.«

Opa hört mit seinem Appell-Ohr und fragt Olivia: »Du willst jetzt, dass ich mit dir mitkomme und mir das genauer ansehe?«

Nach Schulz von Thun werden Gefühle, bei uns oder bei unserem Gesprächspartner, besonders durch Mitteilungen, die wir auf dem Beziehungs-Ohr erhalten, erzeugt[52]. Durch die Beziehungshinweise erfahren wir nicht nur, wie wir, sondern auch, wie die Beziehung als solche gesehen wird. Diese Seite der Nachricht hat langfristig gesehen Auswirkungen auf unser Selbstwertgefühl bzw. auf unser Selbstkonzept, also darauf, wie wir uns selbst sehen[53].

Mit dem Appell-Ohr können wir Druck empfangen.

Dabei geht es vor allem um den *gefühlten Druck*. Gefühlter Druck deshalb, weil wir diesen Druck so empfinden, wie er auf uns wirkt, wie wir ihn interpretieren.[54] Das bedeutet nicht, dass der Gesprächspartner den Appell genauso an uns mitteilen wollte, wie wir ihn wahrgenommen haben. Das bedeutet aber auch, dass unser Gesprächspartner eventuell seinerseits Appelle bzw. einen möglicherweise damit verbundenen Druck wahrnimmt.

Beispiel: Jemand, der sein Appell-Ohr immer weit geöffnet hat, wird schneller von seinem Gesprächspartner Druck empfinden und sich vielleicht reaktant verhalten als jemand, der alle vier Ohren geöffnet hat und dabei z. B. auf dem Selbstoffenbarungs-Ohr feststellt, dass der Gesprächspartner sein eigenes Erleben in den Vordergrund stellt.

Das Nachrichten-Quadrat kann uns als Orientierung dienen. Zum einen können wir dadurch besser verstehen, wie es überhaupt zu Missverständnissen und Problemen in der Kommunikation kommt. Vielleicht gibt es uns auch einen Hinweis darauf, auf welcher Ebene die Kommunikationsprobleme liegen könnten[55]. Wenn man sich damit beschäftigt, hilft das Modell, auch die Kommunikation zu verbessern[56]. Außerdem kann es dabei unterstützen, herauszufinden, ob wir alle unsere vier Ohren gleichermaßen geöffnet haben und damit versuchen, unserem Gesprächspartner besonders empathisch zuzuhören[57].

Wodurch entstehen ungünstige Kommunikationsmuster?

Eine ideale Kommunikation zeichnet aus, dass unser Gesprächspartner das, was wir ausdrücken möchten, genau in derselben Weise, in derselben »Färbung« aufnimmt und versteht. D. h. er nimmt die vier verschiedenen Aspekte unserer Mitteilung mit dem jeweils passenden Ohr auf. Wir wissen jedoch nicht, ob unsere Informationen bei ihm so ankommen, wie wir das beabsichtigt haben. Es kann sein, dass unser Gegenüber die Nachricht nicht vollständig erfasst, sondern nur teilweise, es kann sein, dass er Informationen hineininterpretiert, die wir gar nicht gemeint haben, und es kann sein, dass Informationen auf unser Gegenüber anders wirken, als wir das beabsichtigt haben.

Hier ein Beispiel für ein Missverständnis, bei dem Selbstkundgabe und Beziehungshinweis verwechselt werden: Lena sagt zu Heiner: »Kommst du mit mir spazieren?« Heiner antwortet: »Nein, mir geht es gerade nicht so gut.« Und meint dies als Selbstkundgabe. Lena aber fasst es als Beziehungshinweis auf und schließt daraus, dass Heiner mit ihr im Moment nichts zu tun haben will. Entsprechend sauer geht sie allein spazieren.

Ungünstige Situationen entstehen also immer dann, wenn einer der Gesprächspartner Informationen mit dem falschen Ohr wahrnimmt, also der andere nicht ausreichend klarstellen konnte, wie er seine Mitteilung meinte (z. B. ob er sie sachlich meinte oder er jetzt gerade unsere Beziehung anspricht).

**Gründe, wieso wir zu bestimmten »Sprech-«
oder »Hörmustern« neigen**
Durch verschiedene Gründe unterscheiden wir uns in unserer Tendenz, die jeweiligen spezifischen Ohren zu öffnen oder auf einer bestimmten Ebene zu sprechen. Dies erschwert uns und unserem Gesprächspartner, die entsprechenden vier Aspekte, die in einer Mitteilung enthalten sein können, in ihrer ursprünglich gemeinten Gewichtung herauszuhören. Dadurch kann Raum für Missverständnisse entstehen.

Beispielsweise hängen einseitige Sprech- und Hörmuster durch unsere Persönlichkeit und mit unseren bisherigen Erfahrungen zusammen. Eine Person, die ein niedriges Selbstwertgefühl hat, wird vor allem mit ihrem Beziehungsohr hören: Was hält mein Gesprächspartner von mir? Auch unser momentanes Befinden oder die aktuelle Situation beeinflussen unsere Kommunikations- oder Hörmuster.

Beispiel: Selina hatte in der Arbeit eine sehr stressige Woche, da viel mehr als sonst zu organisieren war. Sie weiß, dass es die nächste Woche genauso weitergehen wird. Sie kommt daher ausgepowert und erschöpft am Freitagabend nach Hause. Dementsprechend folgt der Frage von Sven: »Sollen wir am Wochenende zusammen einen Ausflug machen?« eine aufbrausende und ärgerliche Antwort: »Nein, also echt nicht!« Diese Reaktion kann Sven richtig einordnen, wenn er weiß, dass Selina durch ihre Arbeit angespannt ist. Hat er diesen Hintergrund nicht, kann es sein, dass er Selinas negative Reaktion auf sich bezieht und beide ärgerlich oder enttäuscht durch das Wochenende gehen, wenn sie diese Situation nicht klären.

Gründe für bestimmte Sprech- und Hörtendenzen können also auch in der Beziehung selbst liegen. Dies ist oft der Fall, wenn wir schon ein festes Bild von unserem Gegenüber haben.

Beispiel: Wenn wir den Eindruck gegenüber unserem Gesprächspartner haben, dass er uns dauernd herumkommandiert, dann werden wir verstärkt unser Appell-Ohr öffnen. So kann es dazu kommen, dass wir eine Aussage wie »Morgen wird der Müll abgeholt«, die er sachlich meint, gleich als Appell an uns wahrnehmen: »Geh gleich und stell den Müll raus!« Unser Gesprächspartner wird sich seinerseits wundern, wieso wir gereizt darauf antworten.

In Beziehungen, in denen es häufig zu ungünstigen Kommunikationen kommt, besteht die Gefahr, das sich bestimmte Sprech- und Hörmuster entwickeln und stabilisieren. Darauf werde ich später noch weiter eingehen.

Wie kommt es zu unseren Reaktionen?

Unsere Reaktionen entstehen dadurch, dass wir Informationen wahrnehmen, sie interpretieren und etwas fühlen[58]:

Informationen wahrnehmen
Informationen aus der Umwelt nehmen wir mit all unseren Sinnen wahr: Wir sehen etwas, hören etwas usw.[59]. D. h. unser Gesprächspartner teilt uns durch seine gesamte Kommunikation (verbal, paraverbal, nonverbal) etwas mit und wir nehmen es wahr. Relevant dabei ist, ob wir unsere Aufmerksamkeit auf die verschiedenen Aspekte seiner Mitteilung lenken, denn erst damit werden uns diese Informationen auch bewusst. Aber auch wenn Informationen nicht beachtet werden, können diese uns dennoch unbewusst beeinflussen.

Problem: Wir sind in unserer Informationsaufnahme beschränkt und nehmen daher nicht alles wahr. Unsere Wahrnehmung kann sogar fehlerhaft sein: Wenn wir beispielsweise eine bestimmte Einstellung haben, nehmen wir bevorzugt die Informationen wahr, die ins Bild passen, und werden widersprüchliche Informationen hingegen eher überhören oder übersehen. Dieser Effekt entsteht durch eine *selektive Informationsaufnahme*, d. h. wir nehmen nur bestimmte Informationen aus der Umwelt wahr.

Informationen verarbeiten und interpretieren

Informationen, die wir bekommen, nehmen wir in bestimmter Weise auf – wir messen ihnen eine gewisse Bedeutung zu und setzen sie in Beziehung zu unseren bisherigen Lernerfahrungen. Häufig schließen wir dabei auch von uns auf andere und lassen dabei außer Sicht, dass andere Personen ganz anders geprägt sein können, anders reagieren oder auch anders wahrnehmen und interpretieren. Unwillkürlich fließen bei der Interpretation des Gesagten unseres Gesprächspartners unsere momentane Befindlichkeit und Sichtweise der Situation mit ein oder auch frühere Erfahrungen mit ihm oder ähnlichen Personen und Situationen. Wir stellen die Äußerungen unseres Gegenübers in einen Kontext, so wie wir ihn sehen. Es liegt keine »objektiv richtige« Interpretation vor, wie wenn wir uns mit einem Kabel an das Gehirn unseres Gegenübers anschließen könnten und seine Mitteilung in seinen ganzen Aspekten und Facetten begreifen.

Problem: Unsere Interpretation kann daher richtig oder falsch sein[60]. Selten kommen wir auf die Ideen uns zu fragen, ob die Äußerungen unseres Gesprächspartners auch anders interpretiert werden könnten. In unseren Interpretationen liegen wir also nicht immer richtig. Dass sich verschiedenste Fehler oder Verzerrungen einschleichen können, weiß man auch aus der Sozialpsychologie.

An dieser Stelle betrachten wir als Beispiel die Akteur-Beobachter-Verzerrung: Wenn wir es mit anderen

Menschen zu tun haben, dann neigen wir dazu, ihr Verhalten vor allem durch ihre Person zu erklären, und lassen dabei außer Sicht, dass ein Verhalten auch durch die Situation oder die Wechselwirkung aus Situation und Person beeinflusst sein kann.

Beispiel: Jutta hat entschieden, Anneliese morgens früh zu einem Kaffee einzuladen. Jutta unterhält sich mit Anneliese. Anneliese jedoch redet kaum und schaut die ganze Zeit eher abwesend aus. Nach dem Gespräch ist Jutta ziemlich enttäuscht, da sie Annelieses Reaktionen als Desinteresse interpretiert und sich entschließt, sie in Zukunft nicht mehr zu sich einzuladen. In Wirklichkeit war Anneliese jedoch nur übermüdet, weil sie bis in die Nacht noch arbeiten musste und dann früh aufgestanden war, um rechtzeitig zum verabredeten Kaffee zu kommen.

Andersherum erklären wir unser eigenes Verhalten häufig durch die Situation. Die Akteur-Beobachter-Verzerrung ist also die Tendenz, das Verhalten anderer, der Person und unser eigenes Verhalten, der Situation zuzuschreiben[61].

Wie sollen wir uns also verhalten? Versuchen wir dementsprechend, nichts mehr zu interpretieren? Auf diese Frage hat Schulz von Thun eine Antwort, die gut den Kern zusammenfasst:

»Wohlgemerkt, es geht nicht darum, Interpretationen zu vermeiden. Dies ist weder möglich noch wünschenswert, denn erst die Interpretation eröffnet die Chance, das »Eigentliche« zu verstehen. Vielmehr geht es um das Bewusstsein, dass es sich um eine Interpretation handelt – und daher richtig oder falsch sein kann.«[62]

Fühlen
Auf die Informationen und wie wir sie für uns interpretiert haben, folgt unsere Reaktion auf der Gefühlsebene[63]. Wir fühlen uns beispielsweise glücklich, wenn wir eine Mitteilung unseres Gesprächspartners hören, die uns interpretieren lässt, dass er uns mag. Oder wir fühlen uns ärgerlich, wenn wir empfinden, dass uns der Gesprächspartner mit seiner Aussage kritisiert.

Dieses Gefühl ist für uns die logische Folge unserer Interpretation. Schulz von Thun beschreibt, dass unser Gefühl an sich nicht richtig oder falsch sein kann, sondern eine Tatsache ist[64]. Wie eine Information und die Interpretation dieser auf uns wirkt, hängt von unserer Persönlichkeit, unseren Gewohnheiten, unseren bisherigen Erfahrungen, unseren Einstellungen, Werten und unserer momentanen Gefühlslage ab.

Diese drei Vorgänge – Informationen wahrnehmen, Informationen verarbeiten und interpretieren – nehmen wir zwar wahr, aber im Normalfall erleben wir diese nicht als getrennt voneinander[65]. Wenn wir uns diese Vorgänge jedoch bewusst machen und im Hinterkopf behalten, dass wir erstens nicht alles wahrnehmen und zweitens nicht alles immer richtig interpretieren, kann unsere Kommunikation positiv beeinflusst werden. Es ist menschlich, dass wir zunächst einmal nur unsere Sichtweise sehen, um uns unser Bild von der Beziehung und dem anderen zu machen, auch dass wir uns nur als reagierend empfinden, insbesondere wenn wir uns verletzt fühlen. Interpretationen vorzunehmen, ist ganz natürlich und auch notwendig. Wichtig dabei aber ist das Bewusstsein, dass unsere Interpretation richtig oder falsch sein kann[66]. Auf diese Weise können wir Verantwortung dafür übernehmen, wie wir damit umgehen[67].

Wenn wir entsprechend unserer Sicht des Ganzen reagieren, dann ist das ein anderes Umgehen mit der Interpretation, als wenn wir unsere Sichtweise dem anderen mitteilen und auf diese Weise überprüfen, ob sie stimmt. Schulz von Thun führt dabei aus, dass wir damit unserem Gesprächspartner die Möglichkeit einräumen, auf unsere Sichtweise zu reagieren, um sie entweder zu bestätigen oder zu korrigieren. Er hat auf diese Weise die Möglichkeit, sein Verhalten genauer zu erklären oder gegebenenfalls selbst darüber eingehender nachzudenken[68].

Indem wir uns bewusst sind, dass unsere Gefühle die Folge unserer eigenen Interpretationen sind, übernehmen wir die Verantwortung für unsere Sichtweise und unsere Reaktionen[69]. Infolgedessen erleben wir uns nicht nur als passives, »armes Opfer«[70] der Reaktionen unseres Gegenübers.

Wie entstehen Konflikte?

Unsere Sichtweise ist immer in gewissem Maße begrenzt. Sie hinterlässt bei uns ein gewisses Gefühl und löst infolgedessen bei uns Reaktionen aus, die ihrerseits von unserem Gegenüber wieder wahrgenommen und interpretiert werden und bei ihm Gefühle und Reaktionen entstehen. Wie stabilisieren sich negative Kommunikationsmuster? Schulz von Thun beschreibt, wie solche Kreisläufe entstehen können, bei denen das eigene Verhalten als Folge des Verhaltens des anderen gesehen wird[71]. Verlaufen die Kommunikationen mit unserem Gesprächspartner immer wieder auf diese Weise, finden wir zu einer gewissen Einstellung ihm gegenüber und dieser macht sich ein Bild von uns.

Beispiel: Ist eine Kommunikation überwiegend dadurch geprägt, dass beide oder ein Gesprächspartner dem anderen immer wieder negativ begegnet oder dieser das zumindest so wahrnimmt und sich negativ fühlt (z. B. ärgerlich oder hilflos), so wird dieser entweder mit Gegenangriffen oder mit Rückzug seinerseits reagieren. Eine Negativspirale entsteht, die in Dauerstreit oder Beziehungsbruch münden kann. Solch ein Konflikt wird in der Regel als sehr belastend empfunden.

Wenn wir also unserem Gesprächspartner gegenüber negativ eingestellt sind, werden wir uns immer weiter voneinander distanzieren und immer negativer reagieren. Auf diese Weise wird verständlich, wie es passieren kann, dass sich negative Kommunikationsmuster immer weiter stabilisieren.

Eigendynamik negativer Kommunikationsmuster
Will man solche negativen Kommunikationsmuster ändern, ist die Sichtweise hilfreich, bei der ich mich der systemtheoretischen Sicht von Schulz von Thun anschließe, dass Gründe für eine schlechte Kommunikation nicht bei einer Person zu suchen sind,. Sie liegen im System selbst, nämlich darin, dass sich ein gewisses System herausgebildet hat, wie man miteinander kommuniziert und wie aufeinander reagiert wird. Nicht das Verhalten einer bestimmten Person wird als Grund für die Entstehung von Konflikten angesehen, sondern das Kommunikationsverhalten der beiden Gesprächspartner an sich rückt in den Fokus. Dadurch, dass sich ihr Verhalten immer wechselseitig bedingt, entsteht eine gewisse Eigendynamik[72]. Darauf werden wir später wieder zurückkommen.

Zusammenfassung
Missverständnisse entstehen, wenn wir Mitteilungen anders auffassen, als unser Gesprächspartner sie gemeint hat. In diesem Fall hilft es, sich bewusst zu machen, dass eine Aussage immer verschiedene Aspekte beinhalten kann und dass unsere Gefühle zwar auf Reaktionen unseres Gesprächspartners folgen, aber wesentlich von unserer Interpretation dieser Reaktio-

nen abhängen. Wenn wir also wissen, unter welchen Umständen Missverständnisse entstehen, können wir unsere aktuellen Kommunikationsmuster durchleuchten, bei Bedarf verändern und so eine Negativspirale vermeiden.

5. Kommunikation verbessern

Wie wir bereits in Kapitel drei gesehen haben, kann eine positive, tolerante und empathische Grundhaltung sich förderlich auf die Kommunikation auswirken. Was wir sonst tun können, um unsere Kommunikation positiv zu gestalten, betrachten wir in diesem und im nächsten Kapitel näher.

Verzwickte Lage – Missverstehen vermeiden

Wie wir gesehen haben, können in unserer Kommunikation Missverständnisse dadurch entstehen, dass unsere Äußerungen mit ihren Informationen von unserem Gesprächspartner nicht genau in dem Sinn aufgefasst werden, wie sie ursprünglich von uns gemeint waren. Oder sie werden zum Teil von ihm ganz anders interpretiert und aufgefasst.

Welche Möglichkeiten haben wir, in einem Gespräch, Missverständnisse zu vermeiden? Auf unseren Gesprächspartner haben wir direkt keinen Einfluss. Wir können allein unseren Teil der Kommunikation beeinflussen und gestalten.

Folgender Teilausschnitt einer Kommunikation zwischen Eltern und Großeltern als Beispiel:

Die Großeltern Ann und Dirk fragen: »Sollen wir am Wochenende einen Ausflug machen?« Die Eltern Susanne und Peter antworten: »Nein, dieses Wochenende geht es bei uns nicht.« Beide Parteien sind hinterher enttäuscht, da die Kommunikation für beide unbefriedigend verlaufen ist.

Die Großeltern Ann und Dirk denken: »Jetzt wollen wir mit ihnen mal etwas Zeit verbringen und etwas Schönes machen, damit sie sich etwas erholen können und dann ist es nicht recht.«

Die Eltern Susanne und Peter denken: »Die ganze Woche haben wir nur Stress, da sollten sie doch wissen, dass wir auch mal Zeit für uns brauchen. Wieso können Sie nicht mal die Kinder nehmen, dann könnten wir etwas zu zweit machen.«

Was ist passiert? Niemand teilte die Gründe für seine Fragen und Antworten mit oder fragte nach, was hinter der Frage/der Antwort steht. So erfährt der jeweils andere nicht die Beweggründe, Erwartungen oder Wünsche, die dahinter stehen, und fasst es auf seine Weise auf. Raum für Missverständnisse entsteht. Er entsteht auf beiden Seiten der Kommunikation. Wir können unseren Gesprächspartner missverstehen und er uns. Missverständnisse gäbe es nicht, wenn eine genaue Übereinstimmung bestehen würde zwischen dem, was gesagt wurde, und dem, was verstanden wurde.

Wir sind jedoch nicht in der Lage, unserem Gesprächspartner unsere Mitteilung eins zu eins zu vermitteln. Und umgekehrt. Jeder ist also quasi »gezwungen«, Interpretationen vorzunehmen, die von der momentanen Situation und Befindlichkeit und auch von früheren Erfahrungen mit solchen Situationen oder Personen beeinflusst sind.

Darüber hinaus kann es sein, dass wir uns selbst nicht ganz darüber bewusst sind, was eigentlich hinter unseren Äußerungen steht. Wieso sagen wir das, was wir sagen? D. h. in diesem Sinn kann es sein, dass wir uns selbst »missverstehen« bzw. uns oft darüber gar keine Gedanken machen. Deswegen soll es darum im folgenden Abschnitt gehen: Wie können wir uns selbst besser zuhören und verstehen lernen?

Uns selbst zuhören

Für die Kommunikation ist es von Vorteil, wenn wir zunächst einmal Klarheit in uns und somit auch für andere schaffen und damit eine Offenheit anstreben. Wie soll der andere uns verstehen, wenn wir uns nicht selbst verstehen?

Selbstreflexion, In-sich-Hineinhören statt Verurteilungen
Was geht in uns vor? Was sind unsere Gefühle? Welche Werte und Bedürfnisse stecken dahinter? Für die Klärung dieser Fragen hilft es, sich selbst zu reflektie-

ren. Selbstreflexion bedeutet, dass man über sich selbst nachdenkt, dass man intensiv in sich hineinhört und sich wie ein Außenstehender von außen betrachtet, sich selbst kritisch hinterfragt: Wieso fühle ich das, was steckt dahinter?

Wie wir bereits gesehen haben, wird bei Schulz von Thun deutlich, dass unsere Gefühle durch unsere Interpretation der Reaktion unseres Gesprächspartners entstehen und nicht durch seine Reaktion an sich[73]. Auch Rosenberg findet es sehr wichtig zu unterscheiden, dass das Verhalten oder die Äußerungen einer Person zwar ein Auslöser, aber niemals die Ursache unserer Gefühle sein können[74].

Oftmals ist uns dies aber nicht bewusst und wir neigen dazu, unser Gegenüber für unsere Gefühle verantwortlich zu machen. Rosenberg zeigt, wie wesentlich es ist, in der Kommunikation Verurteilungen zu unterlassen. Beispielsweise verurteilen wir jemanden, wenn wir ihn beleidigen oder kritisieren, ihn beschuldigen, ihn bewerten, ihn niedermachen oder Vergleiche anstellen. Dies führt dazu, dass unser Gesprächspartner eine Abwehrhaltung einnimmt, sich schämt oder schuldig fühlt.[75]

Wenn wir jemanden verurteilen, dann sagen wir das aus einem bestimmten Gefühl heraus. Rosenberg erklärt, dass hinter Verurteilungen unsere eigenen Werte und Bedürfnisse stehen. Versuchen wir zu ergründen, wodurch ein bestimmtes Gefühl in uns entstanden ist, so werden uns unsere dahinter liegenden eigenen Werte, Vorstellungen, Bedürfnisse, Wünsche und Erwartungen klar und können so mit unserem Gesprächspartner darüber reden, ohne ihn mit Verurteilungen anzugreifen.[76]

Ein Beispiel verdeutlicht, was damit gemeint ist:

Statt den Vorwurf zu formulieren »Du machst immer nur deinen blöden Sport!«, könnten wir sagen: »Wenn du abends unterwegs bist, fühle ich mich einsam.« Auf diese Weise würden wir unser Gefühl zum Ausdruck bringen und uns Gedanken darüber machen, was bei uns hinter diesem Gefühl steckt. Auf dieses Beispiel werden wir später noch einmal zurückkommen.

Manchmal kommt es vor, dass wir in Kommunikationen nur noch auf die Äußerungen unseres Gesprächspartners reagieren und wir nicht einmal mehr das genaue Gefühl in uns wahrnehmen, das sich hinter unseren Äußerungen verbirgt. Sind wir verärgert? Sind wir frustriert? Sind wir enttäuscht? Sind wir entmutigt? Sind wir traurig? Sind wir besorgt? Usw.

Unser Gefühl benennen

Als erster Schritt in Richtung Selbstklärung können wir uns fragen und in uns hineinhören, welches Gefühl eine konkrete Äußerung unseres Gesprächspartners in uns ausgelöst hat.

Wenn es uns schwerfällt, unsere Gefühle zu erfassen, können wir uns beispielsweise das Nachrichten-Quadrat von Schulz von Thun zur Hand nehmen und konkret, entsprechend der vier Seiten, analysieren, was in uns vorgeht und was wir eigentlich unserem Gegenüber mitteilen wollen.

Das könnte so aussehen: Was hat mein Gesprächspartner gesagt? Was hat er mir – meiner Interpretation nach – auf der Sach-, Beziehungs-, Selbstkundgabe- und Appellebene mitgeteilt? Was hat diese Mitteilung bei mir ausgelöst? Was habe ich gefühlt? War ich glücklich, ärgerlich, enttäuscht, traurig … ? Waren diese Gefühle angemessen oder habe ich übermäßig reagiert? Was halte ich von ihm? Welche Einstellung habe ich zu meinem Gesprächspartner? Was erwarte ich von ihm? Wie hätte er meiner Ansicht nach reagieren sollen? Habe ich ihm das gesagt? Wie sehe ich mich selbst? Was erwarte ich von mir? Wie habe ich reagiert? Was habe ich ihm auf der Sach-, Beziehungs-, Selbstkundgabe- und Appellebene mitgeteilt? Wie hätte ich mir gewünscht zu reagieren? Könnte er seine Mitteilung auch anders gemeint haben? Könnte er meine Reaktion anders aufgefasst haben? usw. Diese Selbstreflexion kann uns auch Hinweise darüber geben, welche Bedürfnisse oder Werte möglicherweise hinter unseren Gefühlen stecken.

Die Ursache unseres Gefühls: Unsere Interpretation

Durch unsere Interpretation unterstellen wir unserem Gesprächspartner gewissermaßen eine bestimmte Einstellung, ein gewisses Sein. Dies trifft in unseren Augen zu, muss aber nicht der »Wahrheit« entsprechen. Vielleicht steht hinter seiner Äußerung etwas ganz anderes. Wir können in ihn nicht hineinsehen. Wir können nur unsere eigenen Vermutungen anstellen, was uns aber nicht weiterhilft. Oder wir bitten ihn um Klärung und gehen so auf eine konstruktive Weise mit der Situation um.

Was genau steckt in unseren Interpretationen?
Wenn wir herausgefunden haben, welches Gefühl uns bewegt, ist es weiter wichtig herauszufinden, was uns innerlich so bewegt, dass gerade dieses Gefühl in uns entsteht. Mögliche Fragen können sein:

Welche Werte, welche Haltungen sind *uns* wichtig? Finden wir oder hat es so auf uns gewirkt, dass unser Gesprächspartner diese verletzt hat?

Beispiel: Ist es uns sehr wichtig, selbstständig zu sein? Fanden wir, unser Gesprächspartner hat uns unterstellt, es nicht alleine hinzubekommen? Sind wir deshalb so wütend?

Welche Bedürfnisse/Wünsche haben wir? Hat unser Gegenüber diese nicht bemerkt/erfüllt? Hat er sie nicht genug berücksichtigt/gewürdigt?

Beispiel: Haben wir den Wunsch nach mehr Nähe – haben wir aus der Reaktion unseres Gesprächspartners herausgelesen, dass er uns nicht genügend beachtet, sich zu wenig mit uns beschäftigt? Sind wir deshalb traurig?

Hatten wir eine bestimmte Erwartung, wie unser Gesprächspartner reagieren würde oder wie das Gespräch verlaufen würde?

Beispiel: Wir sind traurig, weil wir aus der Reaktion unseres Gesprächspartners herausgelesen haben, dass er sich zu wenig mit uns beschäftigt. Eigentlich hätten wir erwartet, dass er uns in den Arm nimmt und fragt, wie es uns geht. Vielleicht hätte ich ihm das sagen sollen?

Selbstreflexion ermöglicht tiefe Einblicke in uns selbst
Wenn wir unsere inneren Bedürfnisse, Wünsche, Erwartungen usw. kennen, kann uns klar werden, wieso wir so reagiert und so gefühlt haben, und wir wissen dann auch, wieso gerade in dieser Intensität, in diesem Ausmaß. Oft stellen wir dann eigene Kommunikationsmuster fest, wenn uns die größeren Zusammenhänge zwischen den eigenen Gefühlen, Bedürfnissen und Reaktionen bewusst werden. Manchmal entdecken wir durch eine intensive Selbstreflexion, dass wir festgefahrene Meinungen entwickelt haben und uns auf diese Weise selbst einengen.

Selbstreflexion ermöglicht neue Sichtweisen
Wenn wir uns unserer Gefühle, Bedürfnisse und Erwartungen bewusst sind und auf diesem Hintergrund unser Verhalten und das Verhalten unseres Gesprächspartners anschauen, sehen wir unser gegenseitiges Verhalten in einem neuen Licht.

- Bezogen auf unsere Person erkennen wir dann, dass es hilfreich ist, wenn wir unserem Gesprächspartner unsere Gefühle, Bedürfnisse und Erwartungen mitteilen. In diesem Zusammenhang ist es wichtig, dass wir uns vom Gedanken der Offensichtlichkeit verabschieden und nicht davon ausgehen, dass er automatisch weiß, was in uns los ist. Er kann es nicht spüren. Wichtig ist, dass wir unserem Gesprächspartner mitteilen, was uns bewegt, wenn wir möchten, dass er es weiß. Oder wir fragen nach und finden heraus, ob es ihm wirklich bewusst ist.
- Bezogen auf unseren Gesprächspartner kann ein intensives Nachdenken über unsere Interpretation seines Verhaltens Gedankengänge wie diese bewirken: Vielleicht hat unser Gegenüber das so gar nicht ausdrücken wollen. Vielleicht haben wir das nur so interpretiert. Wenn wir an das Kommunikationsmodell von Schulz von Thun denken – vielleicht hat unser Gesprächspartner es als neutrale Information gemeint und wir haben es fälschlicherweise als eine Mitteilung auf der Beziehungsebene, also als einen Beziehungshinweis, aufgefasst. Vielleicht war unser Gegenüber auch einfach nur mit seiner eigenen Situation gerade so beschäftigt, dass seine Reaktion als eine Information auf der Ebene der Selbstkundgabe zu hören ist.

Beispiel: Abends unterhalten sich Manuela und Stefan. Manuela wirkt schon die ganze Zeit abwesend auf Stefan. Plötzlich sagt Manuela: »Ich will allein sein.« Und sie verschwindet. Stefan interpretiert es als Beziehungshinweis und bezieht Manuelas Reaktion auf sich selbst. Dabei braucht Manuela jedoch nur ein bisschen Ruhe für sich, da sie sich um ihren Bruder Sorgen macht, der gerade im Krankenhaus liegt. Ihre Äußerung »Ich will allein sein« wäre also auf der Ebene der Selbstkundgabe zu verstehen gewesen. Hätte Manuela Stefan ihr Bedürfnis nach Ruhe bzw. ihre Sorge um ihren Bruder mitgeteilt, wäre dieses Missverständnis nicht entstanden. In gleicher Weise hätte Stefan Manuela fragen können, wieso sie das gesagt hat.

Möglichkeiten, uns selbst genauer mitzuteilen und die Reaktionen unseres Gesprächspartners besser interpretieren zu können, werden wir in Kapitel 6 kennenlernen.

Loslassen von Bildern, die uns selbst einengen

Manchmal tragen wir bestimmte Bilder in uns, die uns einengen. Oft sind uns diese Bilder gar nicht bewusst. Es können klare innere Regeln sein, die wir in uns tragen und befolgen, aber niemals hinterfragt haben. Manchmal tragen wir diese Regeln schon fast unser ganzes Leben mit uns herum. Diese Werte und Einstel-

lungen können dazu führen, dass wir anderen gegenüber sehr voreingenommen sind, und wir merken, wie sie uns eher daran hindern, konstruktiv mit der Situation umzugehen. Manchmal ist es an der Zeit, solche festen Bilder zu überprüfen, zu überdenken und sich gegebenenfalls von ihnen zu trennen. Dies können Bilder oder Vorstellungen sein wie:
- »Stark ist nur, wer keine Gefühle zeigt!«
- Ich gebe mich stark, weil man über Gefühle nicht reden darf, denn sonst ist man schwach, wenn man zeigt, dass man sie hat!
- »Eine gute Mutter / Großmutter / Vater / Großvater ist man nur, wenn …!«
- »Das muss man so machen. Das machen wir auch so und das hat man schon immer so gemacht!«
- »Mein Partner muss mich glücklich machen!«

Sich die eigene Involviertheit bewusst machen

Wenn uns etwas besonders wichtig ist, dann ist man auch schneller emotional involviert. Wir gehen besonders in Hab-Acht-Stellung und nehmen eine Verteidigungshaltung ein, wenn es um Themen geht, die unsere Person treffen und die uns am Herzen liegen.

Hieraus wird klar, wieso es gerade in der Familie, wenn es um Personen geht, die einem wichtig sind, oder in der Arbeit schnell zu Konflikten kommen kann.

Positiv wirkt sich dabei aus, wenn wir uns bei solchen Themen unsere eigene Involviertheit und die Involviertheit unseres Gesprächspartners bewusst machen.

Konkretes Konfliktbeispiel: Religiöse Erziehung des Enkelkindes

Wenn wir finden, dass religiöse Erziehung für Kinder sehr wichtig ist, dann können wir uns selbst fragen, was sich dahinter verbirgt. Wir können darüber nachdenken, welche Bedürfnisse in uns sich darin widerspiegeln: Wieso ist es für uns wichtig, dass das Kind religiös erzogen wird? Was sind unsere zugrunde liegenden Einstellungen? Was ist unser Bedürfnis (oder sind unsere Bedürfnisse), die wir damit verbinden? Was wollen wir damit erreichen?

Alles, was wir tun können, ist, offen über unsere Einstellungen, Bedürfnisse, Wünsche, Anliegen zu reden, über das, was uns am Herzen liegt, und dabei versuchen, empathisch und mit einer positiven Grundhaltung, Respekt und Toleranz aufzutreten. Wie wir bereits gesehen haben, ist es vor allem wichtig, die Kompetenz und Autonomie der Eltern in den Vordergrund zu rücken. Und wir können uns genau anhören, was die Eltern zu sagen haben. Vielleicht erzählen sie uns von ihren Einstellungen, vielleicht auch von ihren Ängsten und Sorgen? Es gibt vielerlei Möglichkeiten.

Manchmal ist es die Sorge und Angst um das Kind, die hinter der Haltung der Eltern steckt, das Kind lieber nicht religiös zu erziehen – insbesondere als Mutter ist

man von Natur aus gepolt, sein Kind zu verteidigen. Solche Ängste können beispielsweise sein:
- Angst, dass das Kind »manipuliert« wird, und Angst, nicht eine wirkliche Wahl zwischen religiös und nicht religiös zu haben: Akzeptieren die Großeltern ein »Nein«, wenn das Kind mal nicht mitbeten will? Wenn es nicht zur Kirche mitwill?
- Angst, dass das Kind mit Angst machenden Bildern konfrontiert wird.
- Angst, weil die Eltern Erinnerungen an eigene negative Erfahrungen haben, die sie gemacht haben.

Manchmal steckt dahinter auch Reaktanz, die dann entsteht, wenn die Eltern sich zu sehr dazu gedrängt fühlen, ihr Kind in den Augen der Großeltern oder anderer Menschen religiös erziehen zu müssen. Dann reagieren die Eltern mit einer gewissen Auflehnung: »Gerade aus diesem Grund werde *ich mein* Kind bestimmt nicht religiös erziehen!« Beispiele für Reaktanz bei den Eltern können sein:
- Reaktanz, weil ihnen von den Großeltern oder von anderen Personen vermittelt wird, dass sie schlechte Eltern sind, wenn sie das Kind nicht religiös erziehen.
- Reaktanz, weil die Eltern das Gefühl haben, dass es den Großeltern oder anderen Menschen nicht wirklich um die religiöse Erziehung des Kindes geht, sondern darum, dass sie ihren Willen durchsetzen wollen und ihnen bezüglich religiöser Erziehung

vermitteln: »Es wird so gemacht, weil wir es auch so gemacht haben und es schon immer so gemacht wurde!«

Wichtig ist auch, dass wir in solchen Gesprächen keine Vorwürfe oder Verurteilungen äußern und Druck vermeiden. Druck erzeugt seinerseits Reaktanz, wie wir bereits gesehen haben, und wirkt sich daher nicht förderlich auf eine Kommunikation aus. Welches Bedürfnis, welche Erwartung steht bei uns dahinter, wenn wir merken, dass wir Druck ausüben? Können wir unser Bedürfnis, unsere Erwartung nicht auf andere Weise als mit Druck mitteilen? Es würde auch uns selbst guttun, auf dieses Gefühl einzugehen.

Bezogen auf unser konkretes Beispiel: Man muss sich damit auseinandersetzen, dass es vielleicht für die Eltern auch gar nicht in Betracht kommt, ihr Kind religiös zu erziehen. Vielleicht auch nur jetzt im Moment nicht, vielleicht später einmal, vielleicht auch niemals. Oder vielleicht kann auch ein Kompromiss gefunden werden, beispielsweise, dass das Kind zu Hause bei den Großeltern ihre gewohnten religiösen Rituale miterlebt, dass die Großeltern aber akzeptieren, wenn die Eltern das Kind nicht taufen lassen wollen. Es kann ganz verschiedenartige Kompromisse geben – je nachdem, was in den Augen der Eltern o.k. ist.

Eine gute Beziehung aufzubauen, braucht Zeit

Eine gute Beziehung aufzubauen, braucht Zeit. Wenn wir uns öffnen und unsere Bedürfnisse, unsere Erwartungen usw. unserem Gesprächspartner mitteilen, muss dies erst beim Gesprächspartner ankommen, erst auf ihn wirken. Er muss erst »glauben, dass wir es ernst meinen«. Er muss erst bereit sein, darüber nachzudenken und es in Betracht zu ziehen. Er braucht seinerseits Zeit, sich damit auseinandersetzen. Das muss im Gespräch miteinander wachsen.

Zusammenfassung
Wir machen einen entscheidenden Schritt in Richtung einer positiven Kommunikation, indem wir anerkennen, dass nicht die Reaktion unseres Gesprächspartners, sondern unsere Interpretation dieser Reaktion die Ursache unserer Gefühle ist, und Verurteilungen unterlassen. Wichtig dabei ist, dass wir unsere Gefühle und unsere dahinter liegenden Bedürfnisse und Werte erkennen und benennen. Diese können uns durch Selbstreflexion klar werden, ebenso wie mögliche, einengende Bilder oder Vorstellungen.

Konflikte gehen uns besonders an Herz, wenn wir emotional sehr involviert sind. Wenn wir unsere Kommunikation positiv verändern wollen, sollten wir nicht zu ungeduldig sein und bedenken, dass Veränderungen Zeit benötigen, um wirksam zu werden.

6. Gesprächstechniken

Wenn unser Gesprächspartner mit uns kommuniziert, dann hören wir, was er sagt, und nehmen sein Verhalten wahr. Wir interpretieren dann in der Art »Ah – das meint unser Gesprächspartner wohl!« In uns entsteht ein Gefühl darüber, wie er, unserer Meinung nach, das Thema des Gespräches sieht, uns sieht, sich sieht, unsere Beziehung sieht oder darüber, was wir meinen, was er gerne von uns möchte (wie wir uns verhalten sollen, was wir tun, denken oder fühlen sollen). Dies bewerten wir und reagieren. Doch hat unser Gesprächspartner das wirklich so gemeint oder ist es nur unsere Interpretation?

Im Folgenden werden wir uns ein paar Techniken genauer ansehen, die uns helfen, unseren Gesprächspartner genauer zu verstehen, aber auch uns genauer zu verstehen. Dies kann uns helfen, unsere Kommunikation und unsere Beziehung zu verstehen, positiv zu gestalten und damit zu fördern. In diesem Kapitel wollen wir die folgenden Techniken kennenlernen:
- Aktives Zuhören und Paraphrasieren
- Ich-Botschaft
- Metakommunikation

Aktives Zuhören

Was heißt aktives Zuhören?
Beim aktiven Zuhören besteht der Kerngedanke darin, dass wir unserem Gesprächspartner, indem wir ihm aufmerksam zuhören, ein positives Signal geben, dass wir ihn annehmen, akzeptieren und versuchen, ihn zu verstehen. Wir können dies unserem Gesprächspartner auf zwei Arten signalisieren:

Zum einen durch zusprechendes nonverbales Verhalten, wie z. B. Nicken, Augenkontakt, Körperhaltung, oder Laute wie »hm«, »ah«. Sie lassen unser Gegenüber erkennen, dass wir seinen Äußerungen aufmerksam folgen, und ermutigen ihn, sich weiter zu öffnen. Zum anderen können wir sogenannte Paraphrasierungen verwenden. Dies bedeutet, wir drücken das, was unser Gesprächspartner gesagt hat, mit eigenen Worten aus und fassen zusammen, was bzw. wie wir unser Gegenüber verstanden haben, indem wir es ihm spiegeln.. Unser Gegenüber hat auf diese Weise die Möglichkeit, Dinge zu klären bzw. richtigzustellen. Er erkennt, dass es uns wichtig ist, ihn möglichst genau zu verstehen. Wir selbst setzen uns dabei intensiv mit unserem Gesprächspartner auseinander und haben mittels einer Paraphrasierung die Möglichkeit, Rückfragen zu stellen und uns rückzuversichern, ob wir mit unseren Interpretationen richtig liegen. Beides signalisiert unserem Gesprächspartner, dass wir uns ganz auf ihn einlassen und ihn ernst nehmen. Dies schafft eine Atmosphäre, in der unser Gegenüber sich wohlfühlt und bereit ist, offen über seine Gedanken, Gefühle usw. zu sprechen.

Wie kann aktives Zuhören aussehen?
Beim aktiven Zuhören versuchen wir, unseren Gesprächspartner genauer zu verstehen. Wir werden daher vor allem auf die Ebene seiner Selbstkundgabe achten und versuchen, die Gefühle, die er dort mitteilt, herauszuhören. Wichtig ist, dass wir uns in ihn einfühlen, aber unser Gegenüber nicht bewerten[77]. Gleichsam werden wir im Sinne eines empathischen Zuhörens alle vier Ohren offen halten[78]. Außerdem können wir neben den Gefühlen versuchen, die Beobachtungen, Bedürfnisse und Wünsche unseres Gesprächspartners zu klären[79]:

Was hat mein Gesprächspartner beobachtet? Welche Gefühle hat mein Gesprächspartner, d. h. wie interpretiert er die Situation? Welche Bedürfnisse könnten dahinterstecken, sich so zu äußern, sich so zu verhalten? Welche Wünsche oder Erwartungen hat mein Gesprächspartner? Neben dem bereits erwähnten zusprechenden nonverbalen Verhalten können wir hierfür unseren Gesprächspartner auch verbal ermutigen, noch weiter von sich zu erzählen.

Positivbeispiel: Das habe ich jetzt noch nicht ganz verstanden. Kannst du mir es genauer erklären? Was meinst du, wenn du ... sagst? Erzähl mir mehr über ... Bei Unklarheiten können wir Paraphrasierungen verwenden und beispielsweise folgendermaßen beginnen: Wenn ich dich jetzt richtig verstanden habe, dann meinst du damit, dass ... Habe ich das richtig aufgefasst, dass ...? Wenn wir paraphrasieren, ist es wichtig, dass wir dabei neutral und konstruktiv bleiben und keine Verurteilungen äußern.

Negativbeispiel: »Meinst du damit etwa, dass ich blöd bin?« Diese Nachricht ist keine Paraphrasierung, sondern sie ist unsere eigene Interpretation und stellt in Form einer Unterstellung einen Vorwurf dar. Fühlt sich unser Gesprächspartner dadurch verletzt und angegriffen, so wird er ärgerlich antworten »Ja, genauso meine ich das: dass du blöd bist!«, obwohl das nicht seine Intention war.

Wenn wir Paraphrasierungen als Frage formulieren, hat das den Vorteil, dass unser Gesprächspartner sich direkt angesprochen fühlt, darauf zu reagieren. Wir können auch Rückfragen stellen in Bezug auf Beobachtungen, Bedürfnisse oder Wünsche[80]. Es gibt auch die Möglichkeit, bei unserem Gesprächspartner nachzufragen, wenn wir hinter einem bestimmten Gefühl Erwartungen uns gegenüber vermuten: Fühlst du dich ..., weil du gerne hättest, dass ich ...?

Auswirkungen eines Nicht-Kommunizierens
Wenn wir mit unserem Gegenüber Gespräche führen, ist es wichtig, insbesondere bei negativen Gefühlen, uns gerade darüber Gedanken zu machen und dies zu kommunizieren und Rückfragen zu stellen. Häufig sind wir geneigt, ein negatives Gefühl erst einmal still-

schweigend in uns aufzunehmen oder, entsprechend einem negativen Bild vom Gesprächspartner, sich selbst negativ ihm gegenüber zu verhalten. Das Nicht-Kommunizieren über dieses Gefühl wirkt sich auf diese Weise negativ auf die Beziehung aus und verhindert ein Ausräumen von Missverständnissen und Lösen von Problemen. Wenn wir unserem Gesprächspartner gegenüber ausdrücken wollen, was in uns vorgeht und welche Gefühle wir haben, so sollten wir dafür *Ich-Botschaften* verwenden. Mit *Du-Botschaften* treffen wir Aussagen über unser Gegenüber.[81]

Ich-Botschaften

Was sind Ich-Botschaften?
Mit Hilfe von Ich-Botschaften teilen wir unserem Gesprächspartner unsere Gefühle mit. Sie haben einen hohen Selbstoffenbarungsanteil[82]. Rosenberg betont, dass es hilfreich ist, wenn wir unserem Gesprächspartner gegenüber neben unseren Gefühlen auch die dahinter liegenden Bedürfnisse ausdrücken. In dem Bewusstsein, dass unsere Gefühle durch unsere Interpretation des Verhaltens unseres Gesprächspartners entstehen und nicht direkt durch das Verhalten unseres Gegenübers, übernehmen wir Verantwortung für unsere Gefühle und erkennen unsere Bedürfnisse an. Dies wiederum macht auch unserem Gesprächspartner

deutlich, dass unsere Gefühle durch eine eigene Interpretation seiner Aussage und seines Verhaltens ausgelöst werden.[83] Unser Gesprächspartner erfährt also, wodurch diese Gefühle in uns hervorgerufen werden. Was soll er mit dieser Information anfangen? Wenn wir unserem Gegenüber Ich-Botschaften mitteilen, so ist es ihm möglich, unsere Reaktionen genauer nachvollziehen oder nachempfinden zu können. Er erfährt womöglich, dass sein Verhalten auf uns ganz anders wirkt, als er beabsichtigte.

Meist erwarten wir jedoch von unserem Gesprächspartner auch eine Reaktion auf unsere Gefühlsäußerung. Dafür können wir nach Rosenberg ihm gegenüber eine »Bitte«[84] mitteilen. Eine Bitte spricht das Appell-Ohr unseres Gegenübers an. Für uns ist es allerdings nicht immer ganz einfach, uns darüber klar zu werden, was genau wir eigentlich von unserem Gesprächspartner erwarten[85]. Im Prinzip wünschen wir uns einen *Gedankenleser*. Unser Gesprächspartner soll *spüren*, was wir von ihm wollen. Wenn er das jedoch nicht *errät*, sind beide Seiten frustriert: Wir, weil er unseren Wunsch nicht erfüllen konnte – wir sind uns der Unmöglichkeit oder der Schwierigkeit, uns unseren Wunsch zu erfüllen, nicht bewusst – und er, weil er sich angestrengt hat und wir dennoch unzufrieden reagieren.

Daher ist es gut, wenn wir versuchen, unsere Bitte möglichst konkret, klar und positiv zu formulieren. D. h. wir sollten nicht sagen, was wir nicht wollen, sondern das benennen, was wir ganz konkret erwarten[86].

Natürlich muss die Bitte auch realisierbar sein. Eine Bitte »Lerne mehr« ist nur vage formuliert. Konkret wird es, wenn wir sagen: »Ich möchte, dass du jeden Tag zehn Minuten Vokabeln in Englisch und zehn Minuten Vokabeln in Französisch übst.«

Wieso neigen wir zu negativen Du-Botschaften?

Wenn es zu Streit kommt, sind die meisten Kommunikationen davon gekennzeichnet, dass die Beteiligten in eine Angriffs- und Verteidigungshaltung gehen. Jeder rechtfertigt sich und beschuldigt den anderen. Jeder meint, im Recht zu sein. Negative Du-Botschaften werden formuliert in Form von Bewertungen, Vorwürfen usw.

Beispiel: »Du machst immer nur deinen blöden Sport!«

Schulz von Thun beschreibt Du-Botschaften als »Eisbergspitze«[87], die dazu dient, den Gesprächspartner zu bedrängen und die Ich-Botschaften, die eigentlich hinter diesen stehen, zu vermeiden[88]. Durch den Erhalt der Du-Botschaft geht der Gesprächspartner in eine Rechtfertigungs- oder Gegenangriffshaltung über oder er zieht sich zurück. Wir selbst werden uns nicht weiter mit unseren eigentlich dahinter stehenden Gefühlen und Bedürfnissen beschäftigen. Beide Gesprächspartner bewegen sich weg von einem konstruktiven Umgang mit dem Problem.

Welche Vorteile haben Ich-Botschaften gegenüber Du-Botschaften?

Durch Ich-Botschaften vermeiden wir, dass wir unseren Gesprächspartner verurteilen wie im Fall einer Du-Botschaft. Sie birgt also den positiven Effekt in sich, weg vom Thema Schuld hin zu einer Verantwortungsübernahme gegenüber unseren Gefühlen zu führen und damit hin zu einem konstruktiven Umgang mit der Situation. Unser Gegenüber kann unser Verhalten nachvollziehen und nimmt wahr, dass wir uns öffnen. Er hat die Möglichkeit, auf unsere Selbsterklärung einzugehen, und wird seinerseits dazu angeregt, offener über sich zu sprechen.

Wir können die negative Du-Botschaft: »Du machst immer nur deinen blöden Sport!« als Ich-Botschaft folgendermaßen formulieren: »Wenn du abends unterwegs bist, fühle ich mich einsam (Gefühl), weil ich gerne mehr Zeit mit dir verbringen würde (Bedürfnis). Ich würde gerne einmal in der Woche mit dir abends zum Essen gehen oder spazieren gehen, um Zeit füreinander zu haben und uns zu unterhalten (konkrete Bitte).«

Metakommunikation

Sich nicht in eine Reaktionsspirale begeben

Manchmal geht es uns so, dass uns nach oder in einem Gespräch mit einem Gesprächspartner auf einmal klar wird, dass wir in der Kommunikation mit ihm immer auf eine bestimmte Art und Weise reagieren.

Beispiel: »Wenn ich mit diesem Gesprächspartner kommuniziere, dann reagiere ich immer sehr gereizt. Ganz gleich, was er sagt, er bringt mich immer auf die Palme! Ich habe immer das Gefühl, er behandelt mich wie ein Kind!« Das heißt, die Kommunikation hat schon eine gewisse Eigendynamik entwickelt und es entsteht allein durch die Kommunikation ein negatives Gefühl in uns. Es kann sein, dass dieses negative Gefühl nur bei uns oder nur bei unserem Gesprächspartner auftritt, oder es beruht auf Gegenseitigkeit. Typisch für solche Kommunikationen ist, dass sie nur noch von Reaktion zu Reaktion ablaufen nach dem Schema: Wenn wir so und so reagieren, dann reagiert unser Gesprächspartner immer so und so ... Die Sache »fährt sich ein«, d. h. ungünstige Kommunikationsmuster stabilisieren sich immer weiter. Lösend wäre in diesem Fall, die Kommunikation, die oft von Reaktion zu Reaktion läuft, dahingehend zu lenken, dass auf der Ebene der dahinter liegenden Gefühle kommuniziert wird[89].

Wie wir bereits in Kapitel fünf ausführlich gesehen haben, ist es hilfreich, die Selbstkundgabe bzw. die Selbsterklärung in den Vordergrund zu stellen. Mit Hilfe einer Metakommunikation können wir ein solches System durchschauen, können es verändern und auf diese Weise die Reaktionsspirale unterbrechen.

Sind wir in einem Konflikt so mit uns selbst beschäftigt, dass der Blick fürs Wesentliche verloren geht?
Mit *Metakommunikation* ist gemeint, dass wir mit unserem Gesprächspartner über unsere Kommunikation an sich sprechen[90]. Wir versuchen mit ihm zusammen, die Sicht von Außenstehenden einzunehmen, die unsere Kommunikationssituation beobachten. Hierfür müssen wir dazu bereit sein, nicht länger nur auf den jeweils anderen zu reagieren, sondern aus der Reaktionsspirale herauszutreten und uns damit intensiv zu befassen, was auf beiden Seiten an Bedürfnissen und Erwartungen hinter unseren negativen Gefühlen und Reaktionen steht. Die Ergründung der beiden Sichtweisen der Situation ermöglicht einen erweiterten Blick auf die Zusammenhänge. Zu diesem Zweck rücken wir die Beziehungsebene in den Vordergrund: »Wir merken, in unserer Beziehung gibt es ein Problem.« Hilfreich kann es dabei sein, konkrete Gesprächssituationen zu analysieren. Indem jeder die Sicht des anderen in Form von Selbstkundgaben wahrnimmt, weiten sich die Blickwinkel und wir beschreiten einen Weg, der weg von Verurteilungen und Schuldzuweisungen hin zu einer konstruktiven Klärung der dahinter liegenden Beweggründe führt.

Sind unsere wirklichen Bedürfnisse geklärt, können wir dazu übergehen, die jeweiligen Vorstellungen und Erwartungen auszusprechen, und es kann gemeinsam überlegt werden, wie sich diese realisieren lassen. D. h. für eine Beziehungsklärung werden insbesondere die

Selbstkundgabe-Ebene und die Appell-Ebene durchleuchtet[91]. Wichtig ist vor allem, dass wir den konstruktiven Umgang mit der Situation nutzen und nicht irgendwelche Bewertungen oder Schuldzuweisungen vornehmen. Wenn wir die Sichtweise unseres Gesprächspartners unvoreingenommen und neutral aufnehmen und dabei im Hinterkopf behalten, dass diese immer aus der Interpretation der Situation entsteht und daher die Berechtigung als seine Sicht der Situation hat. Die Schwierigkeit dabei besteht darin, bewusst solch eine Distanz zu den Äußerungen des Gesprächspartners zu wahren, während man emotional sehr involviert ist, da man ja Teil des Konflikts ist. Konflikte, die schon längere Zeit bestehen, können meist nur mit Hilfe eines neutralen Fachmannes gelöst werden.

Rahmenbedingungen für eine Metakommunikation
Eine Metakommunikation ist nur dann möglich und sinnvoll, wenn beide Personen durch den Konflikt nicht zu emotional belastet sind und beide versuchen wollen, wohlgesinnt miteinander das Problem zu lösen. Dafür muss jeder auch für eine Selbstklärung bereit sein, in sich hineinzuhören und sein inneres Erleben offen und frei mitzuteilen. Hierbei darf jeder wissen, dass er mit Respekt behandelt und nicht verurteilt wird, weil er seine Sicht der Dinge äußert, und dass er sich auch deswegen nicht schämen oder schuldig fühlen muss. Die erste Grundlage einer Metakommunikation ist, ein Gespräch auf Augenhöhe zu führen, in dem keiner den

anderen bevormundet, wie Dinge zu sehen, zu bewerten, zu fühlen oder zu lösen sind. Gleichsam sollte jeder darauf achten und respektieren, welche Grenzen der Gesprächspartner signalisiert. Nicht jeder ist bereit, über alles zu reden. Eventuell ist es ihm zu einem späteren Zeitpunkt möglich.

Frühzeitige Konfliktlösung anstreben
Es ist gut, von Anfang an unsere Kommunikation möglichst positiv zu gestalten. Kommt es trotzdem zu einem Konflikt, so sollten wir versuchen, den Kontakt nicht zu verlieren, sondern offen und konstruktiv über die Beziehungsprobleme zu reden. Falls die Fronten bereits zu verhärtet sind, aber dennoch eine Bereitschaft dazu besteht, den Konflikt zu lösen, kann ein Fachmann zwischen den Gesprächspartnern neutral vermitteln.

Zusammenfassung
Eine positive, empathische Grundhaltung gegenüber unserem Gesprächspartner hilft uns, unsere Kommunikation positiv zu gestalten. Um unser Gegenüber besser zu verstehen, können wir ihm aktiv zuhören und bei Bedarf mit Hilfe von Paraphrasierungen Rückfragen stellen.

Indem wir versuchen, Ich-Botschaften zu formulieren, werden wir uns klar, welche Gefühle das Verhalten und die Äußerungen des Gesprächspartners in uns auslösen und welche dahinter liegenden Werte, Vorstellungen, Bedürfnisse, Wünsche und Erwartungen wir in uns wahrnehmen. Dies können wir unserem Gegenüber mitteilen, ohne dass wir ihn bewerten, verurteilen oder bevormunden. Dadurch, dass unser Verhalten sich gegenseitig beeinflusst, kann eine positive Veränderung unseres Kommunikationsmusters sich auf unsere gemeinsame Kommunikation positiv auswirken. Mittels einer Metakommunikation gelingt es, angehende Konflikte zu lösen. Wenn die Situation allein nicht lösbar ist, aber dennoch eine Bereitschaft dazu besteht, den Konflikt lösen zu wollen, können wir uns professionelle Hilfe von außen holen. Erste Ansprechpartner sind zum Beispiel die kirchlichen oder psychologischen Beratungsstellen in Ihrer Stadt.

7. Mit Verstand und Gefühl aufeinander zugehen

Psychologisch betrachtet, haben wir im zweiten Teil dieses Buches gesehen, wie wichtig es ist, dass in der Eltern-Großeltern-Beziehung die gegenseitige Autonomie zugestanden und gleichzeitig die gemeinsame Verbundenheit gefördert wird. Grundvoraussetzung hierfür ist eine offene und positive Kommunikation.

In Bezug auf Kommunikation haben wir hierfür einige Grundhaltungen und Techniken kennengelernt, die uns helfen können, uns selbst und unseren Gesprächspartner und dadurch unsere gemeinsame Kommunikation bewusster wahrzunehmen und besser zu verstehen. Sie ermöglichen es uns, aufeinander respektvoll zuzugehen, indem wir unseren Blick weiten und neue Sichtweisen einnehmen.

Das bedeutet nicht, dass wir nun jeden Satz oder jede Reaktion von uns oder von unserem Gesprächspartner durchleuchten sollen: »Was meint er mit seiner Aussage? Welches Ohr will er bei mir ansprechen? Was will ich ihm sagen? Hat er das auch mit dem richtigen Ohr empfangen? Der hat wohl sehr einseitige Hör- und Sprechtendenzen! Wie paraphrasiere ich das jetzt?«

Der eigentliche Kern liegt darin, ob wir die eigenen Gefühle, Beweggründe, Bedürfnisse, Einstellungen und Erwartungen und die unseres Gegenübers wirklich verstehen möchten und die Kommunikation positiv gestalten möchten – ihm und uns also positiv und empathisch gegenüberstehen. Ohne diese Grundhaltung wird die reine Anwendung der Techniken die Verbundenheit nicht fördern können und ein Gespräch auf Augenhöhe, in dem sich jeder als autonom und kompetent erleben kann, eher behindern als fördern. Es ist ähnlich wie beim Tanzen – man kann zwar Bewegungen ausführen, aber wenn man die Bewegungen nicht wirklich spürt, man sich mit den Bewegungen nicht wohlfühlt und nicht wirklich tanzen will, des Tanzen willens, dann wirkt der Tanz mit den Bewegungen hölzern und unangebracht, nicht echt und nicht wirklich zu der Person gehörend.

Wenn wir Kommunikationen verbessern wollen, ist unsere Geduld gefragt. Veränderungen brauchen Zeit, um wirksam zu werden. Und: Eine gute Kommunikationsbasis gefunden zu haben, heißt nicht, dass es zukünftig keine Konflikte mehr gibt. Ganz im Gegenteil. Konflikte in Beziehungen sind ganz natürlich. Wichtig dabei ist, dass sie möglichst frühzeitig angesprochen und besprochen werden. Nur dann können sie gemeinsam konstruktiv angegangen werden und eine vertrauensvolle Beziehungsebene geschaffen werden.

Gemeinsamer Ausblick

Eine vertrauensvolle und respektvolle Beziehung ermöglicht neue Erfahrungen zwischen Eltern und Großeltern, zwischen Großeltern und Enkeln und zwischen Eltern und ihren Kindern. Jeder kann dann die Möglichkeit nutzen, vom jeweils anderen zu lernen und kann auf diese Weise eine Bereicherung für sein Leben erfahren.

Es lohnt sich also, an einer guten Kommunikation zu arbeiten! Die Gotteskommunikation will uns Menschen guttun. Die Beziehung mit ihm hat Folgen für unsere Beziehung zu uns selbst, zu den Mitmenschen, zu Zeit, Welt und Wirklichkeit. Religionspädagogisch ist dies elementar wichtig.

Reinhold Boschki[92] hat dazu wesentliche Grundlagen gelegt. Die Würde, die Gott als Schöpfer uns Menschen zuspricht, entsprechend würdevoll weiterzukommunizieren, ist Gabe und Aufgabe zugleich.

Mit Klaus Kießling formuliert: »Großeltern, vor allem Großmüttern, kommt für die Gestaltung von Familienreligiosität und für die religiöse Entwicklung von Kindern und Jugendlichen große Bedeutung zu. Sie fungieren dann als zentrale Vertrauenspersonen, die im Erleben ihrer heranwachsenden Enkelkinder einen Zusammenhang von Glaubens- und Alltagsvollzügen garantieren.«[93]

Albert Biesinger/Julia Biesinger

Literatur

Biesinger, Albert; Kießling, Klaus; Kerner, Hans-Jürgen; Wegel, Melanie; Tränkle, Stefanie; Stroezel, Holger; Klosinski, Gunther; Schweitzer, Friedrich & Schwenzer, Gerd (2002): Abschlussbericht zum Forschungsprojekt »Religiosität und Familie«, Unveröffentlichtes Manuskript für das Ministerium für Wissenschaft und Forschung, Stuttgart

Biesinger, Albert (2004): Familienreligiosität. Analysen und Perspektiven. In: Gunther Klosinski (Hrsg.): Empathie und Beziehung: Zu den Voraussetzungen, Gefährdungen und Verbesserungen zwischenmenschlicher Beziehungsfähigkeit (S. 65–77). Tübingen: Attempto

Biesinger, Albert; Kerner, Hans-Jürgen; Klosinski, Gunther & Schweitzer, Friedrich (Hrsg., 2005): Brauchen Kinder Religion? Neue Erkenntnisse – Praktische Perspektiven. Weinheim: Beltz

Biesinger, Albert (2007): Verbinde dich mit dem Himmel: Ein Geschenkbuch für Kinder mit Gebetsschnur vom Berg Athos. München: Kösel

Biesinger, Albert (2010): Die Kunst des Älterwerdens: Spirituelle Impulse. Freiburg: Herder

Biesinger, Albert (2012): Kinder nicht um Gott betrügen: Warum religiöse Erziehung so wichtig ist. 15. Auflage, Freiburg: Herder

Biesinger, Albert & Sarah; in Zusammenarbeit mit Marlene Fritsch (2016): Meine Erstkommunionbibel. Ostfildern: Patmos

Boschki, Reinhold (2003): »Beziehung« als Leitbegriff der Religionspädagogik: Grundlegung einer dialogisch-kreativen Religionsdidaktik. Ostfildern: Schwabenverlag

Breheny, Mary; Stephens, Christine & Spilsbury, Lorraine (2013): Involvement without interference: How grandparents negotiate intergenerational expectations in relationships with grandchildren. Journal of Family Studies, 19(2), 174–184

Deci, Edward L. & Ryan, Richard M. (1993): Die Selbstbestimmungstheorie der Motivation und ihre Bedeutung für die Pädagogik. Zeitschrift für Pädagogik, 39, 223–238

De Kort, Kees (Illustrator; 1994): Das große Bibel-Bilderbuch. Stuttgart: Deutsche Bibelgesellschaft

Duan, Changming (2000): Being empathic: The role of motivation to empathize and the nature of target emotions. Motivation and Emotion, 24 (1), 29–49

Gordon, Thomas (1993): Die neue Familienkonferenz: Kinder erziehen, ohne zu strafen. Hamburg: Hoffmann und Campe

Grom, Bernhard (2000): Glauben-Lernen – nicht ohne die Familie: Zur Bedeutung und Praxis religiöser Erziehung in Familien. In: Albert Biesinger & Herbert Bendel (Hrsg): Gottesbeziehung in der Familie: Familienkatechetische Orientierungen von der Kindertaufe bis ins Jugendalter (S. 86–114). Ostfildern: Schwabenverlag

Jones, Edward E. & Nisbett, Richard E. (1972): The actor and the observer: Divergent perceptions of the causes of behaviour. In: Edward E. Jones, David E. Kanouse, Harold H. Kelley, Richard E. Nisbett, Stuart Valins & Bernard Weiner (Eds.): Attribution: Perceiving the causes of behavior (pp. 79–94). Morristown: General Learning Press

Kießling, Klaus (2005): Religiosität und Familie in exemplarischen Zeugnissen. In: Albert Biesinger, Hans-Jürgen Kerner, Gunther Klosinski & Friedrich Schweitzer (Hrsg.): Brauchen Kinder Religion? Neue Erkenntnisse – Praktische Perspektiven (S. 122–130). Weinheim: Beltz

Klosinski, Gunther (2004): Voraussetzungen für Bindungs- und Empathiefähigkeit und ihre Störungen aus der Sicht des Kinder- und Jugendpsychiaters. In: Gunther Klosinski (Hrsg.): Empathie und Beziehung: Zu den Voraussetzungen, Gefährdungen und Verbesserungen zwischenmenschlicher Beziehungsfähigkeit (S. 13–26). Tübingen: Attempto

Lempp, Reinhart (2008): Großeltern können fünf Generationen verbinden. In Gunther Klosinski (Hrsg.): Großeltern heute – Hilfe oder Hemmnis? Analysen und Perspektiven für die pädagogisch-psychologische Praxis (S. 13–32). Tübingen: Attempto

Miron, Anca M. & Brehm, Jack W. (2006): Reactance theory: 40 years later. Zeitschrift für Sozialpsychologie, 37 (1), 9–18

Oerter, Rolf (2008): Großeltern zwischen Tradition und Innovation. In Gunther Klosinski (Hrsg.): Großeltern heute – Hilfe oder Hemmnis? Analysen und Perspektiven für die pädagogisch-psychologische Praxis (S. 13–32). Tübingen: Attempto

Relatio Synodi: XIV. Ordentliche Generalversammlung der Bischofssynode. Abschlussbericht der Bischofssynode an Papst Franziskus in einer Arbeitsübersetzung des Sekretariats der Deutschen Bischofskonferenz. http://www.dbk.de/themen/bischofssynode/ [30.11.2015]

Rosenberg, Marshall B. (2011): Gewaltfreie Kommunikation: Eine Sprache des Lebens. Paderborn: Junfermann

Schneewind, Klaus A. (1995): Familienentwicklung. In: Rolf Oerter & Leo Montada (Hrsg.): Entwicklungspsychologie. Ein Lehrbuch. 3. Aufl., S. 128–166, Weinheim: Psychologie Verlags Union

Schreijäck, Thomas (1989): Bildung als Inexistenz. Freiburg: Herder

Schulz von Thun, Friedemann (2005a): Miteinander reden 1: Störungen und Klärungen. 25. Aufl., Hamburg: Rowohlt Tb.

Schulz von Thun, Friedemann (2005b): Miteinander reden 2: Stile, Werte und Persönlichkeitsentwicklung. 41. Aufl, Hamburg: Rowohlt Tb.

Schweitzer, Friedrich (2008): Großeltern als religiöse Erzieher: Romantische Reminiszenz oder vergessene Realität? In: Gunther Klosinski (Hrsg.): Großeltern heute – Hilfe oder Hemmnis? Analysen und Perspektiven für die pädagogisch-psychologische Praxis (S. 81–89). Tübingen: Attempto

Schweitzer, Friedrich (2013): Das Recht des Kindes auf Religion. Gütersloh: Gütersloher Verlagshaus

Thiersch, Hans (2008): Großelternschaft. In: Gunther Klosinski (Hrsg.): Großeltern heute – Hilfe oder Hemmnis? Analysen und Perspektiven für die pädagogisch-psychologische Praxis (S. 59–70). Tübingen: Attempto

Van Lommel, Pim (2009): Endloses Bewusstsein. Neue medizinische Fakten zur Nahtoderfahrung, 3. Aufl, Ostfildern: Patmos

Vansteenkiste, Maarten; Simons, Joke; Lens, Willy; Sheldon, Kennon M. & Deci, Edward L. (2004): Motivating Learning, Performance, and Persistence: The Synergistic Effects of Intrinsic Goal Contents and Autonomy-supportive Contexts. Journal of Personality and Social Psychology, 87 (2), 246–260

Anmerkungen

1. Biesinger, 2012
2. vgl. Biesinger, Kießling, Kerner, Wegel, Tränkle, Stroezel, Klosinski, Schweitzer & Schwenzer, 2002, S. 103; vgl. dazu weiter Biesinger, Kerner, Klosinski & Schweitzer, 2005
3. vgl. Schweitzer, 2013, S. 203-209
4. Schweitzer, 2013, S. 205
5. Schweitzer, 2013, S. 205
6. Schweitzer, 2013, S. 205
7. Biesinger, 2002, S. 66
8. Kießling, 2004, S. 124
9. Biesinger, 2002, S. 48
10. vgl. Biesinger, Kießling, Kerner, Wegel, Tränkle, Stroezel, Klosinski, Schweitzer & Schwenzer, 2002; vgl. dazu weiter Biesinger, Kerner, Klosinski & Schweitzer, 2005
11. vgl. Grom, 2000, S. 86-114
12. Schreijäck, 1989
13. vgl. Biesinger, 2010, S. 60-62
14. Biesinger, 2007
15. De Kort (Illustrator), 1994
16. Biesinger, 2016
17. zum Folgenden vgl. meinen Beitrag in: Anzeiger für die Seelsorge, Heft 11, 2015
18. van Lommel, 2009
19. Artikel 89 in Relatio Synodi. XIV. Ordentliche Generalversammlung der Bischofsynode. Abschlussbericht der Bischofsynode an Papst Franziskus in einer Arbeitsübersetzung des Sekretariats der Deutschen Bischofskonferenz
20. Schweitzer, 2008, S. 85
21. Schneewind, 1995, S. 164
22. Oerter, 2008, S. 20
23. vgl. Oerter, 2008, S. 29
24. vgl. Lempp, 2008, S. 71
25. vgl. Oerter, 2008, S. 29
26. vgl. Thiersch, 2008, S. 63
27. vgl. Schneewind, 1995, S. 164ff.
28. vgl. Schneewind, 1995, S. 165
29. vgl. Schneewind, 1995, S. 162

30 vgl. Schneewind, 1995, S. 162
31 vgl. Breheny et al., 2013, S. 174–184
32 vgl. Breheny et al., 2013, S. 182
33 vgl. Thiersch, 2008, S. 60f.
34 vgl. Thiersch, 2008, S. 61
35 Biesinger, 2010
36 vgl. Deci & Ryan, 1993, S. 229
37 vgl. Deci & Ryan, 1993, S. 225
38 vgl. Vansteenkiste, Simons, Lens, Sheldon & Deci, 2004, S. 248
39 vgl. Miron & Brehm, 2006, S. 10
40 vgl. Miron & Brehm, 2006, S. 11f.
41 vgl. Duan, 2000, S. 29
42 vgl. Rosenberg, 2011, S. 124f.
43 vgl. Rosenberg, 2011, S. 124f.
44 vgl. Rosenberg, 2011, S. 125
45 Klosinski, 2004, S. 25
46 vgl. Schulz von Thun, 2005a, S. 33
47 Schulz von Thun, 2005b, S. 16
48 vgl. Schulz von Thun, 2005a, S. 25–30; 2005b, S. 19–27
49 vgl. Schulz von Thun, 2005a, S. 44–63; 2005b, S. 20f.
50 vgl. Schulz von Thun, 2005a, S. 25–30, S. 44–63; 2005b, S. 19–27
51 Schulz von Thun, 2005a, S. 45
52 vgl. Schulz von Thun, 2005b, S. 21
53 vgl. Schulz von Thun, 2005b, S. 21;
    Schulz von Thun, 2005a, S. 187–198
54 vgl. Schulz von Thun, 2005b, S. 21
55 vgl. Schulz von Thun, 2005a, S. 15
56 vgl. Schulz von Thun, 2005a, S. 16–21
57 vgl. Schulz von Thun, 2005b, S. 23
58 vgl. Schulz von Thuns »drei Empfangskanäle«:
    Schulz von Thun, 2005a, S. 72–75
59 vgl. Schulz von Thun, 2005a, S. 72
60 vgl. Schulz von Thun, 2005a, S. 72
61 vgl. Jones & Nisbett, 1972, S. 93
62 Schulz von Thun, 2005a, S. 72
63 vgl. Schulz von Thun, 2005a, S. 72
64 vgl. Schulz von Thun, 2005a, S. 73
65 vgl. Schulz von Thun, 2005a, S. 73
66 vgl. Schulz von Thun, 2005a, S. 73
67 vgl. Schulz von Thun, 2005a, S. 79
68 vgl. Schulz von Thun, 2005a, S. 73f.
69 vgl. Schulz von Thun, 2005a, S. 73, S. 79

70 Schulz von Thun, 2005a, S. 83
71 vgl. Schulz von Thun, 2005a, S. 28–37
72 vgl. Schulz, 2005a, S. 87ff.
73 vgl. Schulz von Thun, 2005a, S. 72–75
74 vgl. Rosenberg 2011, S. 69
75 vgl. Rosenberg 2011, S. 35–42
76 vgl. Rosenberg 2011, S. 69–85
77 vgl. Schulz von Thun, 2005a, S. 57
78 vgl. Schulz von Thun, 2005b, S. 23
79 vgl. Rosenberg, 2011, S. 115ff.
80 vgl. Rosenberg, 2011, S. 118ff.
81 vgl. Gordon, 1993, S. 88–91
82 vgl. Schulz von Thun, 2005a, S. 79
83 vgl. Rosenberg, 2011, S. 67–85ff.
84 vgl. Rosenberg, 2011, S. 89–109
85 vgl. Rosenberg, 2011, S. 93ff.
86 vgl. Rosenberg, 2011, S. 89–93
87 Schulz von Thun, 2005a, S. 112
88 vgl. Schulz von Thun, 2005a, S. 79f., S. 112f.
89 vgl. Schulz von Thun 2005b, S. 31
90 vgl. Schulz von Thun, 2005a, S. 91
91 vgl. Schulz von Thun, 2005a, S. 201
92 vgl. Boschki, 2003, S. 430–455
93 vgl. Kießling, 2005, S. 124

camino.
gemeinsam auf dem Weg